O CASAMENTO ENTRE PESSOAS DO MESMO SEXO

CARLOS PAMPLONA CÔRTE-REAL
Professor da Faculdade de Direito da Universidade de Lisboa

ISABEL MOREIRA
Assistente da Faculdade de Direito da Universidade de Lisboa
imayermoreira@hotmail.com

LUÍS DUARTE D'ALMEIDA
Assistente da Faculdade de Direito da Universidade de Lisboa
Investigador do *LanCog – Language, Mind, and Cognition Group*
do Centro de Filosofia da Universidade de Lisboa
luisduartealmeida@gmail.com

O CASAMENTO ENTRE PESSOAS DO MESMO SEXO

*Três pareceres sobre a inconstitucionalidade
dos artigos 1577.º e 1628.º, alínea e), do Código Civil*

O CASAMENTO ENTRE PESSOAS DO MESMO SEXO

AUTORES
CARLOS PAMPLONA CÔRTE-REAL
ISABEL MOREIRA
LUÍS DUARTE D'ALMEIDA

EDITOR
EDIÇÕES ALMEDINA. SA
Av. Fernão Magalhães, n.º 584, 5.º Andar
3000-174 Coimbra
Tel.: 239 851 904
Fax: 239 851 901
www.almedina.net
editora@almedina.net

PRÉ-IMPRESSÃO | IMPRESSÃO | ACABAMENTO
G.C. GRÁFICA DE COIMBRA, LDA.
Palheira – Assafarge
3001-453 Coimbra
producao@graficadecoimbra.pt

Abril, 2008

DEPÓSITO LEGAL
273644/08

Os dados e as opiniões inseridos na presente publicação
são da exclusiva responsabilidade do(s) seu(s) autor(es).

Toda a reprodução desta obra, por fotocópia ou outro qualquer
processo, sem prévia autorização escrita do Editor, é ilícita
e passível de procedimento judicial contra o infractor.

Biblioteca Nacional de Portugal - Catalogação na Publicação

CORTE-REAL, Carlos Pamplona, 1944-   e outros

O casamento entre pessoas do mesmo sexo / Carlos Pamplona
Côrte-Real, Isabel Moreira, Luís Duarte d'Almeida
ISBN 978-972-40-3452-2

I – MOREIRA, Isabel
II - ALMEIDA, Luís Duarte de

CDU 347

APRESENTAÇÃO

Coligem-se neste volume três dos vários pareceres dados no processo de recurso n.º 779/07, que em Outubro de 2007 deu entrada no Tribunal Constitucional, e que é patrocinado pelo Il.mo Advogado Dr. Luís Grave Rodrigues. Os pareceres foram dados *pro bono publico*, e pela mesma razão se divulgam agora: aquele processo — bem como, em geral, o tema do casamento entre pessoas do mesmo sexo — vem suscitando discussões que ultrapassam o círculo dos debates académicos, mas em que as ideias dos juristas são objecto de atenção particular; e apesar de estarem já disponíveis opiniões contrárias, não havia ainda na literatura jurídica nacional quaisquer estudos publicados no sentido da inconstitucionalidade dos artigos 1577.º e 1628.º, alínea *e)*, do Código Civil.

Os autores

ÍNDICE

Consulta	9
Parecer de Carlos Pamplona Côrte-Real	11
Parecer de Isabel Moreira	35
Parecer de Luís Duarte d'Almeida	55

CONSULTA

Pergunta-se pela constitucionalidade das normas expressas pelas disposições do artigo 1577.º do Código Civil — que define casamento como "contrato celebrado entre duas pessoas de sexo diferente" — e do artigo 1628.º, alínea *e)*, do mesmo Código — que, conjugado com o artigo 1627.º, determina a invalidade, por "inexistência jurídica", do casamento "contraído por duas pessoas do mesmo sexo".

Da inconstitucionalidade do Código Civil — artigos 1577.º, 1628.º, alínea e), e disposições conexas — ao vedar o acesso ao instituto do casamento a casais do mesmo sexo

CARLOS PAMPLONA CÔRTE-REAL

PARECER

1. T... e H... pretenderam contrair casamento civil na 7.ª Conservatória do Registo Civil de Lisboa, o que lhes foi vedado. Esgotadas as vias adjectivas comuns, através das quais invocaram a inconstitucionalidade material dos artigos 1577.º e 1628.º, alínea e), do Código Civil (e de todas as disposições normativas conexas da lei ordinária civil) e, consequentemente, a legitimidade do seu acesso ao instituto do casamento civil, por força do *direito fundamental* enunciado no artigo 36.º, n.º 1, segunda parte, da Constituição [CRP], e do teor do artigo 13.º da mesma CRP, *maxime* do seu n.º 2, *in fine* (*que proíbe qualquer discriminação com base na orientação sexual — princípio da igualdade*), recorreram agora para o Tribunal Constitucional para lograrem alcançar a declaração de inconstitucionalidade material dos supracitados artigos da lei civil.

É, pois, esse o objecto do presente parecer.

Começarei por fazer um percurso crítico pela doutrina portuguesa mais significativa sobre a temática em causa, ou seja, sobre a *viabilidade jurídica do casamento homossexual* (entenda-se: *celebrado por pessoas do mesmo sexo*). E ver-se-á como jus-familiaristas e jusconstitucionalistas, denunciando inequívoco *preconceito homofóbico*, se dizem e desdizem nos argumentos e conclusões que sustentam.

I. A Doutrina Civil Jurídico-Familiar

2. A nível jus-familiar começarei por atentar no discurso dos Profs. PEREIRA COELHO e GUILHERME DE OLIVEIRA.[1] Os citados autores criticam, à partida, o Prof. CASTRO MENDES na leitura que faz do texto do artigo 36.º, n.º 1, 1.ª parte, da CRP, uma vez que o referido autor considerava "um pouco estranha" a conjunção "e" que mediava entre o *direito de constituir família* e o *direito de contrair casamento em condições de plena igualdade*. É que, explicava CASTRO MENDES, "os dois direitos *reduzir-se-iam a um só*, pelo que a ordem de enunciação dos dois aspectos do seu objecto [seria] *infeliz*, pois [partia] do efeito — constituir família —, para a causa — contrair casamento".[2]

PEREIRA COELHO e GUILHERME DE OLIVEIRA, diversamente, sustentam existirem dois direitos distintos: o de *constituir família* e o de *contrair casamento em condições de plena igualdade*, pois que "ao lado da família conjugal, fundada sobre o casamento, há ainda lugar para a *família natural*, resultado do *facto biológico da geração*, e mesmo para a *família adoptativa*".[3]

3. Ou seja: os citados autores *restringem, de forma não convincente juridicamente, o âmbito do direito a constituir família* às situações conexas com o (assim dito) direito a procriar, que alargam ao instituto da adopção, *negando, desse modo, a índole de relação jurídica familiar*

---

[1] In *Curso de Direito da Família*, vol. I, *Introdução — Direito Matrimonial*, 3.ª ed. (2003) 106ss. e 160ss.

[2] Vd. "Família e Casamento", in *Estudos sobre a Constituição*, vol. I (1977) 372.

[3] Cfr. o artigo 36.º da CRP nos seus vários números.

à união de facto, hetero- ou homossexual.[4] Mais acrescentam, inclusive, que o *primeiro princípio constitucional* em matéria de direito da família seria o *direito à celebração do casamento*, invertendo a ordem de enunciação do artigo 36.º, n.º 1, já que tal ordenação seria contrária à constante do artigo 16.º, n.º 1, da Declaração Universal dos Direitos do Homem e do artigo 12.º da Convenção Europeia dos Direitos do Homem, o que aproxima, afinal, o respectivo ponto de vista ao do criticado ao Prof. CASTRO MENDES.

Confessando abertamente a perplexidade que gera a primazia literal dada pelo art. 36.º, n.º 1, da CRP ao *direito a constituir família*, PEREIRA COELHO e GUILHERME DE OLIVEIRA afirmam ainda que "quanto à questão de saber se o artigo 36.º, n.º 1, 2.ª parte, da CRP concede apenas um *direito fundamental a contrair casamento ou mais do que isso, ou ao mesmo tempo do que isso, uma norma de garantia institucional*, e (...) embora a Constituição *não formule de modo explícito um princípio de protecção do casamento* (só a família é protegida no artigo 67.º da CRP), se deverá entender que *a instituição do casamento está constitucionalmente garantida*, pois não faria sentido que a Constituição concedesse o direito a contrair casamento e, ao mesmo tempo, permitisse ao legislador suprimir a instituição ou desfigurar o seu *núcleo essencial*". E desse núcleo —"cuja justificação seria elementar", acrescentam — faria parte "a diversidade de sexos, exigida pelo fim do matrimónio, como meio de se estabelecer conjugalmente uma plena comunhão de vida, nos termos do art. 1577.º do C. Civil", já que "se os cônjuges forem do mesmo sexo, o casamento será inexistente [art. 1628.º, alínea *e)* do C. Civil]".

4. Escritos em 2003, os textos acima transcritos deixam o leitor, no mínimo, juridicamente *desconfortável*, apesar de dimanarem da pena de dois ilustres professores de Coimbra.

---

[4] Cfr. a Lei n.º 7/2001, de 11 de Maio.

É que o *dogmatismo* que impregna as teses expostas é evidente. Qual o significado e a amplitude, então, da *instituição família* referida no artigo 36.º, n.º 1, primeira parte, da CRP? Por que é ele circunscrito às relações paterno-filiais, a nível natural ou adoptivo? Por que se exclui do âmbito do conceito de relação jurídica familiar a união (dita) de facto, à qual a Lei n.º 7/2001 atribui efeitos jurídicos de alcance bem mais relevante do que, *por exemplo*, os legalmente reconhecidos *à afinidade* que o artigo 1576.º do Código Civil integra nesse mesmo conceito? Por que se não analisa mais fundamente o alcance do artigo 13.º da CRP, *maxime* no seu n.º 2, que afirma *o carácter jusconstitucional do princípio da igualdade e da não discriminação* (ainda que numa versão literal anterior à revisão de 2004, que doutos jusconstitucionalistas afirmam nada acrescentar de substancial, *dado o carácter exemplificativo* das situações de discriminação já então vedadas[5])?

5. Não é fácil acompanhar o pensamento de PEREIRA COELHO/ /GUILHERME DE OLIVEIRA neste domínio. Mas sobretudo é óbvia a *petição de princípio* (a tautologia) em que incorrem quando retiram da índole garantístico-constitucional que reconhecem ao casamento a impossibilidade de o mesmo ser desfigurado pelo legislador no seu núcleo essencial (?), na qual têm por inserida a *heterossexualidade* (?). É que é de um flagrante apriorismo legitimar a conceptualização do texto constitucional — como acabam por admitir — no recorte do instituto feito pelo legislador ordinário. Ou, como escreve J. DUARTE PINHEIRO: "não se pode traçar a concepção constitucional (...) com base na lei ordinária, já que isso equivaleria a um erro metodológico grave, de inversão da hierarquia dos actos normativos"[6].

---

[5] Vd. JORGE MIRANDA / RUI MEDEIROS, *Constituição Anotada*, tomo I (2005) 121.
[6] In *Direito da Família e das Sucessões*, vol. I, 2ª ed. (2005) 73.

6. Seguindo de perto os dois professores de Coimbra, NUNO SALTER CID[7] reafirma a dualidade dos direitos conferidos no artigo 36.º, n.º 1, da CRP, com uma integral sobreposição significativa, já que também afasta a união de facto *hetero-* e *homossexual* do âmbito das relações jus-familiares. E explicita mesmo que *os que não quisessem ou não pudessem casar, qualquer que fosse a situação convivencial que partilhassem,* nem *sequer* poderiam "viver em condições análogas às dos cônjuges", e estariam tão simplesmente a exercer *o direito a não casar* — afinal o reverso do direito constitucional a casar e, portanto, com o mesmo grau de relevância jurídica e protecção; não podendo por isso aproximar-se os regimes de institutos tão díspares nos seus propósitos e índole (*ao contrário* — o que o autor verbera — do que alguma jurisprudência, do próprio Tribunal Constitucional, nesse sentido, esboça fazer). Não há "*facta concludentia*" significantes e justificativos de analogias normativas na união de facto e no casamento, argumenta: em primeiro lugar por *razões de tipo voluntarista*, e depois porque *os que não possam casar* mas convivam perduravelmente não poderiam ser regidos por ditames inerentes à conjugalidade, *lá está* (?), *porque seria posto em causa o núcleo essencial do "figurino constitucional do casamento", no qual tem (...) que inserir-se a heterossexualidade.*[8]

7. Não vou reiterar críticas. É que o texto de SALTER CID, também anterior à revisão constitucional de 2004, reforça, *no mau sentido, sobretudo jurídico*, a lição dos seus inspiradores...

8. Mais interessante parece ser conviver com o pensamento do Prof. JORGE DUARTE PINHEIRO no seu texto lectivo posterior à Lei Constitucional n.º 1/2004.[9]

---

[7] Na sua dissertação de doutoramento *A Comunhão de Vida à Margem do Casamento: Entre o Facto e o Direito*, Évora (2004).
[8] Ob. cit., 492ss. e 628ss.
[9] Ob. cit., 74 e 96.

Diz por um lado o citado autor que *a união de facto não é uma relação jurídica familiar*, por lhe faltar uma intervenção constituinte para-pública, o que predeterminaria "*um factor de incerteza* adverso ao investimento que o legislador constituinte faz na tutela da família". Explica depois DUARTE PINHEIRO que *o dever de coabitação sexual* é um verdadeiro *dever jurídico e não contraria o direito de liberdade sexual*, porque sublinha que "os direitos não são ilimitados; que as restrições traçadas pela obrigação de comunhão sexual à liberdade sexual têm por fonte o casamento, *contrato em que a vontade das partes se encontra suficientemente acautelada*, e que tais restrições estão longe de suprimir todas as prerrogativas inscritas no direito de liberdade sexual. (...) *Os cônjuges gozam de alguma* (!) *liberdade sexual* — remata o autor, na esteira dos ensinamentos já anteriormente legíveis na sua dissertação de doutoramento[10] — podendo pelo menos podendo decidir *quando e como* terão relações sexuais um com o outro (...)."[11]

9. O mesmíssimo autor J. DUARTE PINHEIRO, num assomo de perplexidade jurídica (!), escreve, entretanto, ainda no cit. *Direito da Família e das Sucessões*, vol. I, a p. 96, um texto particularmente relevante e que "pareceria" explícito e permissivo de uma conclusão jurídico-constitucional contrastante com o que acabou de se transcrever. Se não, vejamos.

Ensina DUARTE PINHEIRO: "Após a revisão de 2004, o art. 13.º, n.º 2, da CRP prevê expressamente *que ninguém pode ser prejudicado ou privado de qualquer direito em razão da sua orientação sexual. Importa, pois, apurar se não será discriminatória a recusa do direito de contrair casamento aos casais homossexuais.* A recusa justifica-se, p. ex., quanto ao matrimónio católico (...). *Só que* — prossegue — *não se vislumbra uma conexão análoga entre o casamento e a procriação.* É que

---

[10] *O Núcleo Intangível da Comunhão Conjugal: Os Deveres Sexuais Conjugais*, Coimbra (2004)

[11] Ob.cit., 150ss.

nos termos do art. 1577.º do C. Civ., o casamento visa a constituição da família, *mas isso não quer dizer que o instituto tenha por finalidade a geração*: a ligação entre os cônjuges é, ela própria, uma relação familiar (art. 1576.º). Das alusões que o regime dos deveres conjugais faz aos filhos (cfr. arts. 1673.º, n.º 1 e 1676.º, n.º 1), marcadas por um *espírito de protecção*, não se retira uma obrigação de procriação. E tão pouco da presunção de paternidade do marido da mãe, consagrado no art. 1826.º; basta verificar que a presunção abrange o caso de concepção antenupcial do filho nascido após o casamento." E remata o professor da Escola de Lisboa, inquirindo-se: "*Haverá outro argumento que exclua a arbitrariedade de manutenção da heterossexualidade como requisito do casamento*? Em Espanha — como que se responde — foi recentemente reconhecido o direito a contrair casamento aos casais do mesmo sexo, pela Lei n.º 13/2005, de 1 de Julho, (...) *que teve em conta o princípio constitucional da igualdade*".

É um texto, sem dúvida, que "põe o dedo na ferida", por menos que o autor consiga superar as suas próprias contradições. Não o vou comentar, para já; deixo os Exmos. Senhores Juízes Conselheiros, com a devida vénia, em reflexão... passando, seguidamente, a ler criticamente o ensinamento, nesta temática, de dois ilustres jusconstitucionalistas.

II. As perspectivas da doutrina jus-constitucionalista

10. JORGE MIRANDA e RUI MEDEIROS, na *Constituição Portuguesa Anotada*, tomo I, 2005, versam naturalmente a temática em apreço.

E pode dizer-se que há algumas diferenças no pensamento, neste campo, relativamente a textos anteriores. Desde logo e a propósito do artigo 13.º, dizem JORGE MIRANDA e RUI MEDEIROS que a alteração introduzida pela sexta Revisão Constitucional, de 2004, na parte final do n.º 2, acrescentando ao leque das discriminações enunciadas *a orientação sexual*, nada havia trazido de significativamente novo, pois "já era assim antes de 2004 (...) e o fazer-se-lhe agora menção no n.º 2 *não equivale a mais do que a uma explicitação, sem que daí possa extrair-se alguma consequência, designadamente quanto ao casamento e à adopção*".[12]

11. Já quanto ao artigo 36.º, n.º 1, os citados autores admitem a existência de dois direitos autónomos, *o de constituir família* e *o de contrair casamento em condições de plena igualdade,* mas *incluem agora a união de facto entre as relações de família,* admitindo inclusive a sua *tutela directa* em nome da *garantia institucional reconhecida à família;* analisam minuciosamente, aliás, aspectos do regime do casamento transponíveis, por inferência voluntarista e analógica, para a união de facto,[13] escrevendo que "*se afigura insuficiente sublinhar a existência de uma diferente situação* entre as pessoas unidas pelo matrimónio e aquelas que vivem em união de facto (Acórdão do T.C. n.º 14/2000). É que não está excluído, ainda assim, que possa haver *discriminações sem uma justificação razoável* e que *sejam, nessa medida — ou à luz do princípio da proporcionalidade (Acórdão do T.C. n.º 88/2004) — constitucionalmente interditas (Acórdão do T.C. n.º 275/2002).*"

12. Curioso é, ainda, atentar-se no laborioso exercício interpretativo que os autores fazem relativamente às *uniões de facto de pessoas do mesmo sexo.*

Gerando embora a constituição da família, mas — como reconhecem — não podendo os homossexuais ter acesso ao casamento pois, "pelo contrário (...) a Constituição *impõe que sejam respeitados pelo legislador os princípios estruturantes do casamento na ordem jurídica portuguesa* — e entre estes princípios, *dificilmente (?) pode deixar de se encontrar a diferença de sexo entre os dois cônjuges*", JORGE MIRANDA e RUI MEDEIROS acabam por sustentar, na falta de uma opção alternativa pelo casamento (só viável para unidos de facto heterossexuais) *a*

---

[12] Ob. cit., 121.
[13] Cfr. ob. cit., 402.

aplicação de um estatuto "retirado" do do casamento, "pois os destinatários do referido estatuto *são diferentes e o casamento, tal como está definido por lei, permanece inalterado*" (!).

Algumas hesitações, no mínimo significativas, na tessitura inter-relacional dos institutos, mas a afirmação peremptória de que a Constituição não consagra um direito dos homossexuais a contrair casamento. "Pelo contrário (...), quando na comunidade jurídica tenham curso perspectivas diferenciadas (...), sem dúvida *cumprirá ao legislador (democrático) optar e decidir*". E mais adiante: "*o casamento não é, pois, garantido como uma realidade abstracta, completamente manipulável pelo legislador e susceptível de livre conformação pela lei. Pelo contrário, como é próprio de uma garantia institucional, não faz sentido que a Constituição conceda o direito a contrair casamento e, ao mesmo tempo, permita à lei ordinária suprimir a instituição ou desfigurar o seu núcleo essencial (...)*". O que releva, claro, no entender de JORGE MIRANDA e RUI MEDEIROS, para obstar ao casamento de duas pessoas do mesmo sexo, "*ao ponto de o artigo 1628.º do Código Civil o considerar juridicamente inexistente (...)*"[14].

13. Titubeante tecnicamente, caindo não obstante na petição de princípio e no vício metodológico atrás apontados (v. ainda DUARTE PINHEIRO) a PEREIRA COELHO, a súmula do pensamento de JORGE MIRANDA e RUI MEDEIROS complexificou afinal e apenas o seu ponto de vista originário, sem qualquer avanço significativo e com persistentes "*prejugés*"... A que princípios estruturantes do casamento se reportam, e onde e de que modo serão legíveis? Explicitações dispensadas pelos ditos autores!...

14. Leiamos, por fim, o ensinamento de GOMES CANOTILHO e VITAL MOREIRA. Escrevem, na sua *Constituição da República Portuguesa*

---

[14] Ob. cit., 397-398.

Anotada,[15] e a propósito do casamento, que "dentro do sector normativo do artigo em referência (trata-se do artigo 36.º) articulado com as sugestões do artigo 13.º, n.º 2 (*in fine*) que proíbe discriminações em razão da orientação sexual estão hoje as uniões homossexuais, entendidas também como *comunidades de existência familiar*. A proibição de discriminações tem justificado sentenças do Tribunal Constitucional (...). Todavia, o alargamento do âmbito de protecção do preceito à realidade de comunidades familiares diversas e plurais *não se transfere de pleno para o casamento de pessoas do mesmo sexo*. Seguramente — explicam o ajurídico e o óbvio os ilustres juristas... — que basta o princípio do Estado de Direito Democrático e o princípio da liberdade e autonomia pessoal, a proibição da discriminação em razão da orientação sexual, o direito ao desenvolvimento da personalidade, que lhe vai naturalmente associado, *para garantir o direito* (?) *individual de cada pessoa a estabelecer vida em comum com qualquer parceiro da sua escolha* (...). Mas a *recepção constitucional do conceito histórico de casamento* (?) como união entre duas pessoas de sexo diferente, radicado intersubjectivamente na comunidade como instituição, *não permite retirar da Constituição um reconhecimento directo e obrigatório do casamento entre pessoas do mesmo sexo* (como querem alguns a partir da nova redacção do artigo 13.º, n.º 2), sem todavia proibir necessariamente o legislador de proceder ao seu reconhecimento ou à sua equiparação aos casamentos (como querem outros)"[16].

15. Ou seja, sustentam GOMES CANOTILHO e VITAL MOREIRA ser entrevisível na Constituição o reconhecimento do direito a contrair casamento, *tomado este num sentido historicista e heterossexual*. A legibilidade desse conceito é que não é sequer demonstrada, ainda por cima porque *afirmada pura e simplesmente*, e não obstante os prin-

---

[15] Vol. I, 4ª ed. revista (2007) 568.
[16] Ob. cit., 568.

cípios da autonomia pessoal, da não discriminação em função da orientação sexual e do direito ao desenvolvimento da personalidade que os autores, aliás, referenciam. Simplismo excessivo, talvez, que se reflecte na conclusão principal: a Constituição seria *neutra* (?) no tocante à noção de casamento, pelo que caberia ao legislador ordinário recortar o instituto como bem entendesse!...

Ser e não ser hetero- e/ou homossexual o casamento seria indiferente (?) para o legislador constituinte, que cometeria, pois, ao legislador ordinário — qual "cheque em branco" — a definição do mesmo, que é sabido ser tido como base da família, por sua vez "elemento fundamental da sociedade" (artigo 67.º). Como se, por se tratar precisamente de um instituto socialmente estruturante, o acesso ao mesmo não fosse necessariamente *colidir* com os ditos princípios e direitos fundamentais que GOMES CANOTILHO e VITAL MOREIRA mencionam. *Neutralidade constitucional a este nível seria, crê-se, ínvia...*

Chegou, pois, o momento de tomar posição sobre a viabilidade jurídica do casamento homossexual (entre duas pessoas do mesmo sexo) à luz do nosso ordenamento jurídico.

III. Posição adoptada

A) *Pontos preliminares*

16. É chegada a altura de tomar posição sobre o problema da inconstitucionalidade material da exigência, pelo Código Civil, da heterossexualidade como pressuposto do casamento.

E urge definir bem *pontos de partida* para a exposição jurídica subsequente.

É assim que, desde logo, não se secunda a tese (*v.g.* de PEREIRA COELHO, GUILHERME DE OLIVEIRA ou JORGE MIRANDA) de que a *garantia institucional* do direito ao casamento, como direito fundamental conexo com o de constituição de família (cfr. artigos 36.º, n.º 1 e 67.º da CRP), pressuponha que ao casamento corresponda um *núcleo essencial* que não poderia ser "desfigurado" (?) pelo legislador, núcleo esse em que se inseriria a *exigência da heterossexualidade*.

Nem do artigo 36.º, n.º 1 da CRP (cuja primeira parte parece, pelo contrário, acolher uma ideia ampla de *família*), nem dos demais números do mesmo preceito, como bem explica J. DUARTE PINHEIRO,[17] dimana qualquer perspectiva heterossexual de casamento (já que a paternidade, a maternidade e a adopção não só não esgotam a instituição familiar, como até são autonomizáveis do casamento).

Depois, o artigo 13.º, n.º 2, *in fine*, da CRP, ao acrescentar a *proibição de discriminação com base na orientação sexual* após a revisão constitucional de 2004, tem que ser chamado à colação nesta temática, o que os autores citados nem esboçam fazer...

O *núcleo essencial* do casamento, para os citados autores, é então *aprioristicamente* definido em função de um modelo histórico — de inspiração católica, é claro — que a *Lei de Liberdade Religiosa*,[18] *maxime*, claramente recusa (em consonância com o princípio da igualdade religiosa do artigo 13.º da CRP). E se o ordenamento jurídico é *pleno* e *uno*, só por inexplicável *apriorismo*, por *preconceito atávico*, se pode ler na Constituição o carácter heterossexual do casamento.

17. Dizem algo mais GOMES CANOTILHO e VITAL MOREIRA, sem se afastarem da tese do modelo histórico conjugal acolhido na Constituição. Do artigo 36.º, n.º 1, *in fine*, e n.º 2, decorreria então que o nosso texto constitucional seria *neutro* no tocante ao recorte hetero- e/ou homossexual do casamento. Antes remeteria para o legislador *ordinário* a conceptualização do instituto do casamento, que poderia ser heterossexual ou não, consoante a leitura daquele face ao sentir social. E, nesse sentido, escrevem que "*a recepção constitucional do conceito histórico de casamento como união entre duas pessoas de sexo diferente*, radicado intersubjectivamente na comunidade (?), como

---

[17] Ob.cit., 96.
[18] Lei n.º 16/2001, de 22 de Junho.

instituição, *não permite retirar da Constituição um reconhecimento directo e obrigatório dos casamentos entre pessoas do mesmo sexo* (como pretendem alguns a partir da nova redacção do artigo 13.º, n.º 2), *sem todavia proibir necessariamente o legislador de proceder ao seu reconhecimento, ou à sua equiparação aos casamentos* (como querem outros)".[19]

18. Deixam-se aqui duas observações *graves*: *em primeiro lugar*, é inaceitável *a inversão metodológica implícita*, de que fala J. DUARTE PINHEIRO[20], já que os ilustres constitucionalistas como que admitem que a Constituição possa passar um *"cheque em branco ao legislador comum numa matéria que pode bulir com princípios e direitos fundamentais."* E é isso que precisamente se tem que averiguar, pois o casamento é um *elemento fundamental da orgânica social* (artigo 67.º, n.º 1 da CRP), definidor de um proeminente *estado jurídico, com indubitáveis reflexos no próprio estatuto pessoal*. Ora GOMES CANOTILHO e VITAL MOREIRA *não testam convincentemente o respectivo ponto de vista sobre o casamento, à luz, nomeadamente, do artigo 13.º, n.º 2, e da exigência actual da não discriminação em função da orientação sexual.*

A *segunda observação* dirá que o regime constitucional em matéria de direitos, liberdades e garantias fundamentais não pode ser deixado ao legislador comum, nomeadamente quando estejam em causa o princípio da igualdade (artigo 13.º da CRP) e o direito de constituir família e de contrair casamento (artigo 36.º, n.º 1 da CRP), por implicar isso *uma subversão inaceitável da hierarquia das fontes de direito, e uma eventual violação no campo garantístico. Só resta então fazer um percurso metodológico inverso*: aferir, primeiro, da *essência* do instituto do casamento no Código Civil e discutir, depois, a sua conformação com a Lei Fundamental. Só assim poderá tentar legitimar-se o regime nele fixado.

---

[19] Ob. cit., 568.
[20] Ob. cit., 96.

19. Antes, porém, de "descer" à lei civil, para reflectir na índole do casamento, precisem-se *dois aspectos necessariamente preliminares*.

O primeiro, conexo com *o afastamento de qualquer sustentação de uma perspectiva historicista de leitura das leis*. É que, como é sabido, o artigo 9.º do Código Civil acolhe no seu n.º 1, *in fine*, um critério *objectivista-actualista* de interpretação das leis, sendo que a doutrina é *unânime* em reconhecer a aplicabilidade do teor do artigo 9.º a qualquer diploma legal, inclusive à Constituição.

O segundo para explicar que a *História do Direito*, a *Sociologia do Direito* e o *Direito Comparado* jamais poderão, por si só, legitimar qualquer critério interpretativo decisivo quanto à índole da coabitação sexual inerente ao casamento. Quando muito, até pelo *pretendido ajuste do Direito à realidade social subjacente ou à realidade jurídica circundante* — e o Direito de Família da maioria dos Estados da União Europeia (e não só) reconhece à convivência homossexual, plena e perdurável, uma dignidade inquestionável e paritária à da comunhão de vida heterossexual — será relevante "um olhar à volta" (desde logo, por exemplo, para o regime já acolhido em Espanha pela Lei n.º 13/2005) *para um virtual fortalecimento da leitura juspositiva actualista do nosso ordenamento jurídico, nesta matéria do casamento*.

Mas proceda-se então a uma primeira análise, perante o Código Civil, do instituto conjugal, premissa menor da aferição da sua conformação jus-constitucional.

B) *O Casamento no Código Civil*

20. Procura o legislador definir casamento civil no artigo 1577.º do Código Civil. É sabido que uma boa técnica jurídica evitará o recurso a definições legais, e também que as definições não serão textos normativos em si próprios (quando muito, em alguns casos, normas não autónomas), devendo ser testadas sistematicamente. Mas atente-se no teor do artigo 1577.º.

21. O mesmo preceito começa por reconduzir o casamento a um *contrato*, no que, em nosso entender, é tecnicamente falho. É que está em causa no casamento a regência de aspectos puramente pessoais, com incidências relevantes nos planos físico e afectivo, *obviamente indisponíveis negocialmente e de forma perdurável*. Ninguém poderá, em rigor, dispor juridicamente do exercício da sua vivência sexual e espiritual, pelo menos em termos rigorosamente contratuais (veja-se, por exemplo, o que reza o artigo 81.º do Código Civil). Basta pensar-se no extenso e exigente leque dos deveres pessoais conjugais enunciados no artigo 1672.º, e na controversa natureza dos (assim ditos) deveres jurídicos dos cônjuges.

Tenho para mim que o casamento não pode deixar de ser um *acto complexo* mas específico, resultante de *mero encontro, solenemente formalizado, de duas declarações de vontade*, de *dois actos jurídicos individuais auto-vinculantes*. Só assim se pode compreender *a inaplicabilidade ao casamento de todo o típico regime dos contratos bilaterais* (excepção de incumprimento, alteração de circunstâncias, resolução, etc.). Com carácter negocial, adentro do acto complexo casamento, *só se poderá encontrar a convenção antenupcial*, estranhamente reduzida a um papel acessório...[21]

Creio, concluindo este ponto, que o que acaba de dizer-se *melhor permitirá enquadrar o casamento e entendê-lo na sua índole como acto jurídico profundamente livre e íntimo*.

22. Reza depois o artigo 1577.º do Código Civil que o casamento "é celebrado entre *duas pessoas de sexo diferente que pretendem constituir família*". E, na sequência lógica deste enunciado, determina o artigo 1628.º, alínea *e)*, ser juridicamente *inexistente* "o casamento contraído por duas pessoas do mesmo sexo".

Aprofundemos a análise.

---

[21] Sobre a dificuldade de justificar a natureza contratual "pretendida" para o casamento, veja-se, por ex., ANTUNES VARELA, *Direito de Família*, I vol., 5ª ed. (1999) 184ss., que praticamente o reconduz a um contrato de adesão.

O propósito de "constituir família", prescrito na lei (e também na CRP), *poderia sugerir a finalidade necessariamente procriativa do casamento*, decorrente da própria exigência da heterossexualidade. O que entretanto está longe de corresponder ao regime jurídico legalmente estabelecido.

Com efeito, *não encontramos na lei civil qualquer limite máximo de idade para a celebração do casamento* (cfr. artigo 1601.º do Código Civil); assim como *nada obstará ao casamento de qualquer nubente, se infértil ou impotente*, desde que tal circunstância seja conhecida do outro (cfr. artigos 1636.º e 1839.º, n.º 2, do Código Civil, e a Lei n.º 32/2006, de 26 de Julho, sobre Procriação Medicamente Assistida); e, do mesmo modo, nada pode impedir o casamento de dois homossexuais de sexo diferente, sabida que seja tal circunstância da parte de ambos.

Fica assim claro *que nenhuma razão lógica*, pelo menos adentro da coerência sistemático-jurídica (lembre-se, inclusive, o casamento "*in articulo mortis*": cfr. artigos 1590.º e 1599.º do Código Civil), justificará que seja vedado legalmente o casamento a pessoas do mesmo sexo, nem mesmo quando lemos apenas a própria lei comum, como o é o Código Civil.

23. Uma pequena pausa para sublinhar o objectivo que anima este labor: a busca da "*ratio legis*" do casamento no Código Civil. É que, no início de cada reflexão analítico-crítica, deve o jurista incansavelmente tentar encontrar o chamado "*espírito do sistema*" (cfr. art. 10.º, n.º 3 do Código Civil), interrelacionando preceitos legais (elemento sistemático da interpretação) e *hierarquizando-os*, se inseridos em diplomas situados em planos legislativos diferenciados (por exemplo: lei ordinária e Constituição).

E certo é, desde já, neste percurso interpretativo de baixo para cima (como soe fazer-se), que *começa a vislumbrar-se a incongruência axiológica da lei ordinária, presa de um preconceito homofóbico entrevisível*, uma vez que, afinal, não se pode ou deve ter a finalidade procriativa como essencial ao casamento.

24. E o *cerne* do instituto do casamento será então apenas, usando a terminologia matemática do *máximo divisor comum, o propósito de comungar uma vida*, como também dita o artigo 1577.º, de uma forma naturalmente *modelada à imagem, potencialidade e vontade de cada casal* (cfr. artigo 1671.º, n.º 2), *"e nos termos das disposições deste Código"*. Só a ressalva final impede (vd. artigos 1628.º, alínea *e)*, e 1630.º) que, já perante a lei civil comum, a comunhão de mesa, leito e habitação, *a que afinal se reconduz e reduz o casamento*, possa ser querida e vivida por casais homossexuais, o que a própria e absoluta homogeneidade funcional adentro do casal como que secunda (vd. artigo 1676.º do Código Civil, em consonância com o artigo 36.º, n.º 3 da CRP). *A ilegitimidade da perspectiva legal ficará, entretanto, ostensivamente patente*, quando se subsumir o regime jurídico-civil do casamento a um controlo normativo face ao texto constitucional.

E fica-se por aqui na análise sumária a que se procedeu do artigo 1577.º, e da projecção significativa dos elementos tidos por essenciais ao casamento pelo Código Civil, por se revelar *explícita* para o propósito que nos anima.

C) *Casamento e União de Facto; a Lei n.º 7/2001, de 11 de Maio*

25. Há que reflectir agora mais profundamente na figura jurídica da *união de facto*, que veio lançar, nomeadamente após a Lei n.º 7/2001, de 11 de Maio — que admitiu ao lado da união de facto heterossexual a união de facto homossexual, revogando nesse ponto a Lei n.º 135/99, de 28 de Agosto —, alguma perplexidade na temática do casamento de pessoas do mesmo sexo.

É que sustenta parte significativa da doutrina que a união de facto corresponderia a uma situação *marginalizada* pela ordem jurídica, tutelada tão-só nos aspectos excepcionalmente enunciados nos artigos 3.º a 7.º da citada Lei n.º 7/2001. Donde retira a inferência de que a união de facto heterossexual seria apenas *mais uma alternativa coexistencial*, concedida e *mais fragilizada na sua eficácia que o casamento*, tal como sucederia com a união de facto homossexual.

Acrescentam, pois, que dessa forma se compreenderia o alcance dos artigos 1628.º, alínea *e)* e 1630.º do Código Civil, que *radicalmente* decretam a *inexistência* jurídica do casamento de pessoas do mesmo sexo.

Leitura que, *aparentemente* legível no espírito da Lei n.º 7/2001, não pode colher. Precisemos.

26. Desde logo, o diploma em causa está longe de permitir ver na situação dos unidos de facto uma situação que exorbitaria do direito, e se confinaria ao puro e mero facto.

Exigindo dois anos de convivência para que a união de facto releve, reconhece ademais a Lei n.º 7/2001 aos parceiros um leque ainda significativo de direitos: em matéria de tutela da casa de morada (artigo 3.º, alínea *a)*) própria ou comum (artigo 4.º), ou tomada de arrendamento (artigo 5.º); em matéria de licenças, faltas, férias e preferências na colocação profissional dos unidos de facto, a nível da Administração Pública (artigo 3.º, alínea *b)*) e do contrato individual de trabalho (artigo 3.º, alínea *c)*), equiparando-os aos cônjuges; em matéria tributária (artigo 3.º, alínea *d)*); e, por fim, em matéria de segurança social (artigos 3.º, alíneas *e)*, *f)* e *g)*, e 6.º).

Tais direitos só são entendíveis se conexos com deveres, que, ainda que de *modelação bem mais flexível* para os parceiros, são similares aos enunciados na lei para o casamento, nomeadamente nos artigos 1671.º e seguintes do Código Civil. Ou seja: o dever de respeito, o dever de assistência, o dever de coabitação seriam o reverso lógico dos direitos conferidos pelos artigos 3.º e segs., os quais se manteriam até à extinção da união de facto — que poderá advir, é certo, da simples vontade unilateral de um parceiro (artigo 8.º, n.º 1, alínea *b)*), numa inequívoca *debilitação tutelar* do instituto face à sua precariedade; o que não lhe retira, entretanto, o cunho de um verdadeiro *estado jurídico familiar*, como é hoje em dia praticamente aceite pela doutrina.

27. Mas o que terá preocupado o legislador de 2001, no fundo, *não foi certamente conceder, por via da união de facto, uma alternativa* *coexistencial ao casamento heterossexual*, porque tal objectivo corresponderia a uma *descaracterização substancial* do dito casamento, incompreensível até por se estar ante realidades vivenciais integralmente *espelhadas* e por *a lei civil não abdicar de plúrimas áreas de injuntividade tipificadoras do casamento*.

É sabido que a lei tipifica as relações jurídicas que tem por familiares (artigo 1576.º), o que seria inegavelmente posto em causa pela Lei n.º 7/2001. Estar-se-ia ante uma verdadeira fraude à lei... de origem legal!

Então o que visou o legislador com a Lei n.º 7/2001? Com a aparente negligência técnica evidenciada, mas com uma subtil hipocrisia subjacente, visou antes de mais *impedir a dignificação jurídica da comunhão plena de vida, não hetero- mas homossexual*, dando à luz um diploma ínvio, com uma arrevesada leitura. Isto porque, como se viu, ao permitir o "emparelhamento" da união de facto hetero- e homossexual, "se servia" sem dúvida um casamento *"à la carte"* às pessoas de sexo diferente, em contradição insanável com a supra-sublinhada *imperatividade legal típica do casamento*. Ao que o preconceito homofóbico pôde chegar!...

Assim sendo, a liberalização do casamento heterossexual por via do recurso legislativo à união de facto "matava dois coelhos com uma única cajadada": *tornava a comunhão plena de vida mais autêntica*, por adequada a uma mais livre afirmação individual, e obtinha, por outro, a *subalternidade jurídica da união homossexual*. Sem que, contudo, e em rigor, possa entrever-se qualquer diferença de fundo na índole da união de facto e do casamento, que embatem precisamente nos mesmos princípios e valores quanto ao relacionamento intersubjectivo do casal, conexos afinal com a *tutela da personalidade*.

D) *O Casamento e a Constituição; Conclusão*

28. A sexta Revisão Constitucional, de 2004, alterou a redacção do artigo 13.º, n.º 2, *conexo com o princípio da igualdade*, acrescentando ao elenco de proibições que o expressam a proibição de se ser "(...) privilegiado, prejudicado, privado de qualquer direito ou isento de qualquer dever em razão (...) *da orientação sexual*".

Afirma JORGE MIRANDA que tal aditamento nada acrescentaria, nada teria inovado relativamente à redacção anterior, dado o carácter *exemplificativo* e não taxativo das situações anteriormente mencionadas no preceito. Reconhece que a Revisão de 2004 *explicitou*, mas nada mais do que isso.[22]

A verdade é que não será negável que a função de uma lei interpretativa (em suma, da *interpretação autêntica* que ocorreu) é realmente tornar explícito, *esclarecer o sentido normativo de uma lei anterior*. E perante um enunciado *reconhecidamente exemplificativo*, acrescentar-se em 2004 a menção da orientação sexual *dissipou radicalmente qualquer dúvida*, com a vinculatividade reconhecível à dita interpretação. É uma explicitação, sim, como ensina JORGE MIRANDA, mas com um cunho jurídico muito especial, por dimanar da própria assembleia constituinte.

Donde resulta que não reconhecer o direito ao casamento aos homossexuais, *direito fundamental* enunciado no artigo 36.º, n.º 1 da CRP — sobretudo porque o casamento, como se viu à face do Código Civil, *não é um acto finalisticamente conexo com uma expectável perspectiva procriadora* — é inequívoca e materialmente inconstitucional.

Mas precise-se.

29. A modelação sexual do casamento é, e será sempre, livre e personalizadamente feita por cada casal, no contexto e na privacidade da *comunhão de vida* que lhe é inerente, e na qual radica, como se viu, a sua essência jurídica. Seja ou não o casal heterossexual...

Aliás, as fronteiras e especificidades homo- e heterossexuais são *cientificamente* reconhecidas como variáveis e flutuantes. A sexua-

---

[22] V. *supra*, n.º 10.

lidade — ou melhor, o sexo — é uma realidade com vários matizes, com vários índices que a podem conotar, morfológicos e psicológicos, físicos e culturais.[23]

E se casar não é procriar, e se antes pressupõe *sempre e apenas uma plena comunhão vivencial* nos planos sexual e/ou espiritual (mesa, leito e habitação) — remete-se para o que se disse *supra* sobre o facto de, por exemplo, o acesso ao casamento não depender de qualquer limite de idade; ou de não constituir impedimento ao casamento, só por si, a infertilidade ou a impotência, quer *coeundi*, quer *generandi* —, ainda por cima *desfuncionalizada* após a Reforma do Código Civil de 1977 (cfr. artigo 1676.º do Código Civil, em consonância com o artigo 36.º, n.º 3 da CRP), não se vislumbra como sustentar pertinentemente a índole jurídica heterossexual do casamento.

30. O casamento, aliás, é gerador de um *estado jurídico*, complexo mas proeminente e predeterminante de um *estatuto social* marcadamente *diferenciado* do suscitado pela união de facto — a qual é juridicamente eficaz, *porém de forma limitada e subalterna* (e mesmo assim criticada por certa doutrina face à sua estrutural *precariedade*).

Defender-se, por isso, o exclusivo acesso de um casal de duas pessoas do mesmo sexo à união de facto — que o legislador terá querido, *à outrance*, reconduzir *literalmente* a uma *situação extrajurídica* — não se *vê que não signifique ou que não envolva uma ostensiva discriminação,* que exorbita *a razoabilidade e a racionalidade*,[24] tangendo-se claramente o artigo 13.º da CRP, nomeadamente no seu n.º 2, *in fine*.

---

[23] Sobre a *multiplicidade do conceito de sexo*, a saber: *cromossómico, cromotínico, gonodal, morfológico, hormonal, social, psicológico, jurídico*, para não falar de transsexualidade e de intersexualidade, vd. E. F. CAMARGO, in *A mudança de sexo: o direito à adequação do sexo do transsexual*, Coimbra (2003).

[24] Vd. GOMES CANOTILHO / VITAL MOREIRA, ob. cit., 339.

Por alguma razão, aliás, países como a Holanda, a Bélgica, a Espanha, o Canadá, a África do Sul, e alguns estados americanos, admitem, já hoje em dia, e de pleno, o acesso ao casamento por casais do mesmo sexo, para além de que a maioria dos países nórdicos e anglo-saxónicos não discriminam, em termos de regime jurídico, a "parceria registada" e "casamento".

31. Mas há mais. É que o casamento é, por excelência, *um instrumento do exercício do direito à afirmação da identidade pessoal e ao desenvolvimento, livre e coerente, da personalidade*, no respeito pela reserva de intimidade da vida privada (artigo 26.º, n.º 1 da CRP), direitos primacialmente salvaguardados num *Estado de Direito Democrático* (artigo 2.º da CRP) assente no primado da dignidade humana (artigos 1.º e 26.º, n.º 1 da CRP) e da liberdade (artigo 27.º da CRP).

Não pode pois relevar a ideia de que a *exclusão* dos casais homossexuais (do mesmo sexo) do acesso ao casamento radicaria ainda, como ousam sugerir alguns, no princípio da igualdade, por não se poder tratar de modo igual o que igual não seria (!). *A falácia é evidente*, como se demonstrou; *a discriminação, essa sim, é flagrante*, em desrespeito preconceituosamente "homófobo" ao artigo 13.º da CRP — preceito que já sensibilizou o Tribunal Constitucional em temática afim.[25] É que a liberdade de cada qual cessa, realmente, onde começa a dos outros.

32. Um ponto último para dizer que se afasta a ideia, por alguns sustentada, de que *a margem de concretização de princípios constitucionais fundamentais, ditos "abertos"* na indeterminação conceptual que os expressa, seria recondutível a uma ideia de *discricionariedade*.

---

[25] Vd. Acórdãos do T.C. n.ºˢ 247/2005 e 351/2005, relativos à declaração de inconstitucionalidade do artigo 175.º do Código Penal.

O *princípio da igualdade*, tal como outros princípios e direitos fundamentais acolhidos no texto constitucional, tem *conteúdos e limites vinculados*, sob pena de poder ser praticamente desdito pelo legislador ordinário, hierarquicamente subalterno. Nem se compreenderia que de outro modo fosse, estando em causa o *campo garantístico indeclinável num Estado de Direito*.

Encontrar tais conteúdos e limites dependerá de um *incansável labor interpretativo*, numa conjugação normativo-sistémica, num "sobe e desce" hermenêutico (a doutrina fala de *espiral* hermenêutica) e, sobretudo, numa leitura interrelacional e complementar de preceitos legais, *hierarquicamente inserida — como se ensaiou fazer — e tendencialmente global do "espírito" do ordenamento jurídico*.

Seja este ou não *pleno* — querela que divide a doutrina científico-jurídica — a verdade é que o "silogismo" aplicativo sempre releva, não só no campo judicial, como também no da aferição da *conformação* do legislador comum aos ditames da Lei Suprema. Só este percurso metodológico será legítimo; sob pena, neste caso sim, *de se poder pôr em causa o princípio da separação dos poderes*, nomeadamente dos poderes constituinte e legislativo.

33. T... e H... quiseram casar civilmente. Não o conseguiram (apesar de o teor do artigo 18.º, n.º 1 da CRP o consentir, entende-se); esgotaram depois as vias adjectivas comuns.

Urge, pois, agora, que o Tribunal Constitucional, no âmbito da função de *fiscalização concreta da constitucionalidade* que lhe compete (cfr. artigos 280.º, n.º 1, alínea b) e 6.º da CRP), *declare* — como é de direito e se deixou cabalmente demonstrado — *a inconstitucionalidade material da pretensa índole heterossexual do casamento, mais concretamente dos artigos 1577.º e 1628.º, alínea e) do Código Civil (e de todos com os mesmos logicamente conexos)*, com os efeitos juridicamente consequentes.

É este o meu parecer, sem prejuízo de melhor opinião.

Lisboa, 4 de Outubro de 2007.

Da inconstitucionalidade das normas resultantes
da leitura conjugada do artigo 1577.º do Código Civil
e da alínea *e)* do artigo 1628.º do mesmo Código,
nos termos das quais duas pessoas do mesmo sexo não
podem contrair casamento e, se o fizerem, é o mesmo
tido por inexistente

Isabel Moreira

PARECER

I. Preliminares

Neste breve parecer jurídico, conclui-se no sentido da inconstitucionalidade das normas resultantes da leitura conjugada do artigo 1577.º do Código Civil [CC] e da alínea *e)* do artigo 1628.º do mesmo Código, nos termos das quais duas pessoas do mesmo sexo não podem contrair casamento e, se o fizerem, é o mesmo tido por inexistente. Estas são as *normas* em análise, o que não prejudica a simplificação do discurso escrito no sentido de se passar a identificar de ora em diante o objecto do parecer como a proibição legal de casamento entre pessoas do mesmo sexo. É porém claro que para um juízo do Tribunal Constitucional [TC] deve partir-se sempre de onde aqui se parte; isto é, da identificação das normas cuja constitucionalidade se contesta.

Em segundo lugar, não nos ocupará em especial qualquer questão processual. Interessa apenas, tal como ao TC, confrontar as normas enunciadas com a Constituição [CRP], sem referência ao caso da vida que deu azo ao processo de fiscalização concreta da constitucionalidade.

Finalmente, o percurso discursivo será simples: em primeiro lugar, proceder-se-á à análise dos comandos constitucionais que se aplicam ao objecto do parecer; em segundo lugar, confrontar-se-ão os comandos antes delimitados com o quadro civilístico vigente; finalmente, traçar-se-á uma conclusão.

II. O direito fundamental de contrair casamento como expressão do princípio da dignidade da pessoa humana: consequências primeiras

1. A análise do quadro constitucional deve partir do direito fundamental que tem, por lei, a respectiva titularidade restringida. O direito é o de contrair casamento em condições de plena igualdade, previsto no n.º 1 do artigo 36.º da CRP, sistemática e materialmente inserido na categoria dos direitos, liberdades e garantias e, por isso, beneficiário do respectivo regime agravado de protecção. Com efeito, trata-se de um direito das pessoas e não de uma qualquer prestação atribuída a uma instituição, como a família, que, noutra sede, é, enquanto tal, beneficiária de prestações estaduais.[1]

Se sabemos que a lei reserva este direito para pessoas de sexo diferente, esse *saber* não pode orientar o percurso da análise do enquadramento jurídico da questão; isto é, a Lei Fundamental deve ser *lida* sem o óculo do direito ordinário vigente, sob pena de se inverter a hierarquia das fontes de direito. Interessa determinar o que, à data,

---

[1] Cfr. GOMES CANOTILHO / VITAL MOREIRA, *Constituição da República Portuguesa Anotada*, I, Coimbra (2007) 561.

independentemente do que prescreva o direito ordinário, a CRP impõe e, daí, retirar as devidas consequências.

O n.º 2 do preceito citado remete para a lei a regulação dos requisitos e os efeitos do casamento e da sua dissolução, por morte ou divórcio, independentemente da forma de celebração. Está aqui, para muitos, a autorização constitucional dada ao legislador quanto à questão de consagrar, ou não, a possibilidade de celebração de casamentos entre pessoas do mesmo sexo. Onde se lê que a lei regula *requisitos* e *efeitos*, nessa óptica, deve ler-se que a lei decide, desde logo, se duas pessoas do mesmo sexo podem casar, o que será, portanto, imagina-se, domínio de *requisito*. Mais: para alguns, a CRP recebe o conceito histórico de casamento entre pessoas de sexo diferente.[2] Salvo o devido respeito, como irá ficando claro ao longo desta breve análise, a Lei Fundamental não recebe qualquer conceito de casamento. Defender o contrário é ler a Constituição a partir do direito civil em vez de se inverter a ordem do exercício, em obediência à supremacia normativa da Constituição. Podemos, sem dúvida, no relacionamento entre Constituição e realidade social e histórica, dizer que a primeira, até determinada data, não inconstitucionalizava a lei civil quando esta acolhia o referido conceito histórico de casamento. Mas perante as alterações da Constituição e da sociedade de que a mesma é estatuto, não pode continuar a ter-se por certo que tudo muda (a realidade e as normas constitucionais), mas que a Constituição continua a receber, *como se nada se tivesse passado*, o conceito de casamento que desconsidera uma parte substancial da população.

2. Interessa saber o que implica hoje o direito de contrair casamento, num quadro constitucional que rejeita a redução do mesmo ao conceito de família com filiação implicada (donde a enunciação do direito de constituir família e de contrair casamento como duas faculdades distintas), como concretização do princípio da dignidade

---

[2] Cfr. GOMES CANOTILHO / VITAL MOREIRA, *Constituição*, 568.

da pessoa humana. E essa indagação precede a análise da remissão para a lei operada pelo n.º 2 do artigo 36.º da CRP. O direito de contrair casamento é, em primeiro lugar, uma expressão normativa do princípio da dignidade da pessoa humana, consagrado no artigo 1.º da CRP. Já se qualificou este direito das *pessoas* como direito, liberdade e garantia. Naturalmente, porque Constituição e realidade social não são mundos separados, o significado do princípio projectado no direito fundamental em causa muda com ou sem necessidade de alterações legislativas. A dignidade da pessoa humana serve-nos aqui como elemento que unifica direitos fundamentais e o sistema constitucional.[3] Deve ser sublinhada a dimensão dúplice que a dignidade da pessoa humana tem na CRP. A sua elevação "*a princípio supremo da República e, logo, do seu direito objectivo, obriga o Estado a conformar toda a sua ordem jurídica num sentido consentâneo e vincula todos os poderes do Estado a interpretar e a aplicar as respectivas normas em conformidade. Num plano diverso, a consagração da dignidade da pessoa humana como fundamento do Estado de Direito democrático afasta decisivamente qualquer ideia de projecção do Estado como fim em si, como se o Estado pudesse prosseguir o próprio engrandecimento enquanto destino de uma pretensa realidade ética em que o indivíduo se devesse, subordinadamente, integrar*".[4]

---

[3] Conclusão alicerçada na consideração, com apoio amplo na doutrina, da função sistémica dos princípios, para além da sua função nomogenética, no sentido de aqueles, na sua generalidade, terem uma função primacial de servirem a coerência do sistema (para além da justiça do mesmo). Cfr., por todos, SERGIO BARTOLE, "Principi generale del Diritto", in *Enciclopedia del Diritto* XXXV, 494ss.

[4] Cfr. JORGE REIS NOVAIS, *Os Princípios Constitucionais Estruturantes da República Portuguesa*, Coimbra (2004) 52. Para uma análise crítica da convergência da doutrina nacional em torno da função cometida ao princípio da dignidade da pessoa humana "*de assegurar a unidade valorativa, a unidade de sentido ou mesmo a unidade do sistema de direitos fundamentais*", cfr. JOSÉ DE MELO ALEXANDRINO, *A Estruturação do Sistema de Direitos, Liberdades e Garantias na Constituição Portuguesa*, V. II, Coimbra (2006) 306ss.

Neste último sentido, os direitos fundamentais, enquanto expressão da dignidade da pessoa humana, garantem ao indivíduo um espaço de não intervenção alheia, querendo aqui chamar-se a esse espaço uma moral colectiva maioritária, ditada ou votada, decidida ou eleita, que lhe não permitisse esse acontecimento único que é ser-se, em liberdade, o que se é.

Por isso mesmo, contra direitos fundamentais não valem, sem mais, maiorias, sob pena de se funcionalizarem os primeiros; é por isso, também, que os direitos fundamentais, sendo a asserção mais efectiva nas liberdades e nas competências, como é o caso, não admitem e devem resistir ao discurso do que diz a maioria sobre o comportamento a ele associado, ou do que é, conjunturalmente, a vontade parlamentar. Mais: é ainda pelo que se vem afirmando que as liberdades e competências, fortemente ligadas à dignidade das pessoas, não têm de esperar pelo consenso social para terem plena efectividade. Nesse sentido, aponta-se uma *vocação contramaioritária* dos direitos fundamentais.[5] Quer-se com este passo recordar que, numa ordem constitucional fundada na dignidade da pessoa, à qual o Estado se subordina, quando um direito expressa claramente uma liberdade ou uma competência que inscrevem o titular num universo de seres livres e iguais em dignidade, só por razões muito ponderosas, excepcionais e com claro apoio na Constituição pode o legislador afastar uma categoria de pessoas daquele direito.

3. Sem espaço para dissertar sobre o conteúdo exacto do controverso princípio da dignidade da pessoa humana,[6] poucos duvidarão de que nela se inscreve a autonomia ética do indivíduo, com a consequência de que "*na sua plena assunção como sujeito, é ao indivíduo que cabe, primacialmente, a configuração e densificação do conteúdo preciso*

---

[5] Cfr. JORGE REIS NOVAIS, *Direitos Fundamentais — Trunfos contra a Maioria*, Coimbra (2006) 20.

[6] Por todos, JOSÉ DE MELO ALEXANDRINO, *A Estruturação*, 312ss.

da sua dignidade". Se à pessoa, à luz do reconhecimento do papel da autonomia pessoal, é reconhecida a capacidade de *"produzir o sentido da sua própria dignidade"*, deriva desta premissa uma remissão *"para as ideias chave de autodeterminação, livre desenvolvimento da personalidade, da livre eleição e adopção de planos e formas de vida"*.[7] Do ponto de vista de uma específica *"função jusfundamental"* do princípio da dignidade da pessoa humana, que se autonomiza da sua função constitucional geral, pode particularizar-se aquela na ideia, aqui plena de consequências, de *"igual dignidade"*.[8] Assim, se a Constituição optou por consagrar uma das vias de realização de um plano pessoal de vida, através do direito fundamental ao casamento, vejamos se à luz do quadro actual pode o legislador excluir, quanto ao casamento, uma parte significativa da população.

A exigência constitucionalmente fundada de se atribuir a titularidade do direito de contrair casamento a todos os cidadãos, em face do que se vem escrevendo, deve fazer apelo à metáfora dworkiniana dos direitos como trunfos contra a maioria. Ter um direito, assim, *"significa que as posições jurídicas individuais que assentam no direito natural a igual consideração e respeito que o Estado deve a cada indivíduo funcionam como trunfos contra preferências externas, designadamente contra qualquer pretensão estatal em impor ao indivíduo restrições da sua liberdade em nome de concepções de vida que não são as suas e que, por qualquer razão, o Estado considere como merecedoras de superior consideração"*.[9] A correcta adaptação da metáfora feita por Jorge Reis Novais, no sentido de "trunfo" significar uma exigência contramaioritária imposta pelo respeito devido à igual dignidade da pessoa humana, ilumina aspectos fundamentais da questão em análise. Trata-se, naquela acepção, de respeitar a já invocada esfera de autonomia individual, reclamada com força impressiva numa sociedade

---

[7] Cfr. JORGE REIS NOVAIS, *Os Princípios*, 58.
[8] Cfr. JOSÉ DE MELO ALEXANDRINO, *A Estruturação*, 312-313.
[9] Cfr. JORGE REIS NOVAIS, *Direitos Fundamentais*, 28.

aberta, na sua significação ampla, e na consequente acepção do que deve ser a Constituição: a Constituição é um programa que não consegue prescrever soluções fechadas, e que, por natureza, é aberto e evolutivo, sendo famosa a ideia da sociedade aberta de intérpretes da Constituição ou de Constituição como processo aberto.[10] Mas, também por isso mesmo, não podemos com simplicidade dizer que onde há um trunfo cede a maioria. Isto é, o respeito pelos direitos como trunfos não significa que em todos os conflitos hipotéticos entre esse direito e o princípio da maioria o primeiro prevaleça automaticamente. Há, em todo o caso, um ponto que se tem por seguro: onde se não encontrar um outro direito, interesse ou valor constitucionalmente fundado que justifique o sacrifício do direito, uma mera concepção social dominante não ganha ao trunfo. E tem-se a conclusão por segura, por directa aplicação do n.º 2 do artigo 18.º da CRP.

Pode, pois, afirmar-se solidamente que os direitos fundamentais assim concebidos são particularmente úteis, no quadro da dignidade da pessoa humana e do livre desenvolvimento da personalidade, a indivíduos e grupos com a debilidade de se não inserirem em concepções ou modos de vida conjunturalmente apoiadas por maiorias políticas, sociais ou religiosas.[11] Num jogo de cartas, diríamos que a CRP é o tabuleiro. Até agora, invocou-se uma carta, que é um princípio, o da dignidade da pessoa humana. Esse princípio, em conjugação com o direito fundamental consagrado no artigo 36.º, poderia ser tido como fraca peça para uma decisão no sentido da inconstitucionalidade da proibição legal de casamento entre pessoas do mesmo sexo. Resta saber se o pano de fundo se alterou; isto é, se o tabuleiro do nosso jogo evoluiu no sentido de se abrir a novos

---

[10] Cfr. PETER HÄBERLE, "La Sociedad Abierta de los Intérpretes Constitucionales", in *Retos Actuales del Estado Constitucional*, (trad.), Oñati (1996). ID, "Existe un Espacio Público Europeo?", *Revista de Derecho Comunitario Europeo* 3, ano 2 (1998) 115.

[11] Cfr. JORGE REIS NOVAIS, *Direitos Fundamentais*, 32.

protagonistas sociais e se os princípios constitucionais deram mostras de inclusão de peças antes silenciadas que obrigam a uma leitura *trunfada* do n.º 1 do artigo 36.º da CRP.

III. O direito ao desenvolvimento da personalidade

4. A partir do texto constitucional e da doutrina pode dizer-se que a dignidade da pessoa humana (quer em sentido estático, quer em sentido dinâmico) aponta para o *livre desenvolvimento da personalidade*. O mesmo enunciado linguístico pode ter significados diferentes em cada constituição concreta. Para os constitucionalistas alemães, trata-se de uma designação geral (e tardiamente formulada) da autonomia do indivíduo, constituindo fundamento do direito geral de liberdade.[12/13] Não é o que acontece no nosso sistema. Foi com a revisão constitucional de 1997 que se consagrou o direito ao desenvolvimento da personalidade no âmbito de um texto muito mais abundante em especificação e autonomização de direitos do que a GG.[14] Este direito veio "*reforçar todos os direitos pessoais activos — liberdade de expressão, liberdade de consciência, de religião e de culto, a liberdade de criação cultural e artística, as liberdades de manifestação, associação e reunião, o direito de aprender e de ensinar, a liberdade de escolha de profissão, a liberdade de iniciativa e a autonomia de orientação*

---

[12] Cfr. PAULO MOTA PINTO, "O Direito ao Livre Desenvolvimento da Personalidade", in AAVV, *Portugal-Brasil* (1999) 153.

[13] Sem prejuízo de já ter sido apontada a (ignorada) intranquilidade que atravessa a dogmática germânica nesta temática. Cfr. JOSÉ DE MELO ALEXANDRINO, *A Estruturação*, 498.

[14] Segundo os trabalhos preparatórios, têm-se sobretudo em vista a *tutela da individualidade*, e em particular das suas diferenças e autonomia. "*Assim, procurou--se deixar consagrado um direito do liberdade de indivíduo em relação a modelos de personalidade, integrando o direito à diferença*". Cfr. PAULO MOTA PINTO, "O Direito", 157.

sexual — bem como limitar a intervenção do Estado e da sociedade na esfera individual".[15] Nesta perspectiva, é hoje constitucionalmente mais alargado o espaço de que a pessoa goza para dispor do seu próprio plano de vida, de acordo com as suas concepções pessoais. É certo que o sentido e o âmbito de protecção deste direito não são claros,[16] e só poderão colher-se levando em linha de conta as especificidades do nosso sistema de direitos, liberdades e garantias. Uma das especificidades do nosso sistema que merece aqui referência é a complexa e extensa lista de preceitos de direitos fundamentais. Mas o direito ao desenvolvimento da personalidade é um novo direito[17] que, se potencia outros — como as liberdades referidas —, numa relação de complementaridade, também reinterpreta os direitos fundamentais e permite que deles se extraiam novas faculdades.[18] Este é um ponto fundamental. O direito pessoal de contrair casamento, no plano constitucional, tem, do ponto de vista da excepcionalidade da negação da universalidade (artigo 12.º da CRP), uma reinterpretação obrigatória à luz de um direito que dá um sinal claro à inclusão constitucional dos planos de vida pessoais mais fragilizados pelas concepções dominantes contrárias. O que parece inadmissível à luz deste novo direito fundamental com, pelo menos, a função referida, é ter por inalterada a opção valorativa da Constituição relativamente aos direitos dos homossexuais.

---

[15] Cfr. MARCELO REBELO DE SOUSA / JOSÉ DE MELO ALEXANDRINO, *Constituição da República Portuguesa Comentada*, Lisboa (2000) 110-111.

[16] Para uma crítica desenvolvida acerca do objecto de protecção deste direito fundamental, por todos, JOSÉ DE MELO ALEXANDRINO, *A Estruturação*, 495ss.

[17] E não um princípio jusfundamental. Nesse sentido, fundamentadamente, cfr. JOSÉ DE MELO ALEXANDRINO, *A Estruturação*, 498ss.

[18] Cfr. ISABEL MOREIRA, *A Solução dos Direitos, Liberdades e Garantias e dos Direitos Económicos, Sociais e Culturais na Constituição Portuguesa*, Coimbra (2007) 130.

5. Como recorda PAULO MOTA PINTO, segundo os trabalhos preparatórios da revisão constitucional de 1997 teve-se sobretudo em vista a *tutela da individualidade* e, em particular, das suas diferenças e autonomia.[19] Mas ainda que se alinhasse numa perspectiva contrária à intenção constituinte de 1997, e por isso mais limitativa na leitura do direito ao desenvolvimento da personalidade[20], crê-se que na definição dela decorrente sempre se terá de concluir pela candidatura das pessoas do mesmo sexo que se pretendam casar à intenção de protecção da garantia jusfundamental. Com efeito, se a definirmos como a que *"tem por objecto a protecção dos núcleos mais estreitos da personalidade — e, quando com ele conexos, das formas mais elementares da autonomia individual e da liberdade de acção humana —, desde que não estejam adequadamente abrangidos pelo âmbito de protecção de qualquer dos concretos direitos, liberdades e garantias constitucionalmente reconhecidos"*,[21] dir-se-á o seguinte: em face da remissão (pouco compreensiva) para a lei operada pelo n.º 1 do artigo 36.º da CRP e da fragilidade da protecção jusfundamental das uniões homossexuais, os dados normativos convocados candidatam as uniões homossexuais ao direito fundamental de contrair casamento. Tem-se presente que a crescente tutela constitucional das posições individuais mais susceptíveis à discriminação não significa que todo e qualquer plano de vida tem de merecer acolhimento legislativo. Não é disso que se trata. Ao Estado (e ao Direito) cabe, por um lado, não interferir na esfera de autonomia de cada um, nomeadamente abstendo-se de emitir comandos, penalizadores de comportamentos, baseados em determinações morais e, por outro lado, identificar fenómenos sociais e institucionais como relevantes e merecedores de enquadramento jurídico. Por isso, se por hipótese três pessoas sexualmente envolvidas se

---

[19] Nas suas palavras, *"assim, procurou-se deixar consagrado um direito de liberdade do indivíduo em relação a modelos de personalidade, integrando o direito à diferença"*. Cfr. PAULO MOTA PINTO, "O Direito", 157.

[20] Cfr. JOSÉ DE MELO ALEXANDRINO, *A Estruturação*, 500.

[21] Assim, JOSÉ DE MELO ALEXANDRINO, *A Estruturação*, 501.

quiserem casar, o Estado abstém-se de valorar a pretensão e o comportamento das pessoas em causa, mas não está obrigado a consagrar o casamento entre várias pessoas. E por que não? Porque numa hipótese como a aventada não existe um fenómeno socialmente relevante. O Estado, através do Direito, não tem de dar resposta jurídica a todos os modos de vida que a sociedade, na sua diversidade, albergue. Simplesmente, se consagra na Constituição o direito de contrair casamento num momento em que o fenómeno social traduzido nas ligações homossexuais sem protecção jurídica equivalente se manifesta em número e visibilidade a dispensarem amostragem, não pode deixar de intervir no sentido da igualdade.

IV. Da questão dos direitos à questão da igualdade: testes contrários à solução da inconstitucionalidade da proibição legal de casamento entre pessoas do mesmo sexo

6. Para esta exigência constitucional concorre ainda a inclusão expressa, na revisão de 2004, no artigo 13.º da CRP, da orientação sexual como critério proibitivo de discriminações. Claro que poderá dizer-se que se tratou de uma mera especificação do que já estava implícito no princípio da igualdade. Mas o debate público em torno desta alteração mostrou bem como a mesma foi mais do que uma especificação, tendo os adversários da nova redacção do artigo 13.º, precisamente, alertado para o estatuto de igualdade que se conferia aos homossexuais, com projecção, nomeadamente, em matérias historicamente reservadas aos heterossexuais.

De resto, é sabido que o n.º 2 do artigo 13.º da CRP não escolhe ao acaso os factores que enumera. Eles correspondem aos que marcam de forma agravada a história das discriminações ilegítimas. As também chamadas categorias suspeitas, a que pertence a orientação sexual, funcionam, por isso, como *"presunções"*, no sentido em que *"qualquer discriminação estabelecida em função desses factores suspeitos será inconstitucional, a menos que se prove a presença de uma adequada justificação constitucional*.[22] Isto significa que passou a ser agravado, desde 2004, o dever de fundamentar materialmente uma discriminação legal em função da orientação sexual.

Perante um quadro constitucional que, consagrando o direito fundamental de todos de contrair casamento, reflectiu positivamente, em dialéctica com a sociedade, a necessidade de se proteger grupos de pessoas silenciados pelas suas legítimas formas de vida, alterando os critérios históricos de proibição de discriminações para neles incluir a orientação sexual e consagrando o direito ao desenvolvimento da personalidade, é forçoso que se releia o artigo 36.º da CRP.

A lei continuará a poder definir como queira os requisitos do casamento? Naquele quadro descrito? Na verdade, a definição da titularidade do direito fundamental, do ponto de vista da orientação sexual, é matéria de requisito? Como se escreveu mais atrás, abstraindo da lei vigente, a CRP confere a *todos* o direito de contrair casamento. A Lei Fundamental evoluiu no sentido específico de protecção dos direitos que possam ser afectados por força da orientação sexual do titular. Fê-lo no artigo 13.º e no artigo 26.º. A dignidade da pessoa humana concretiza-se num imperativo de igual tratamento das pessoas, estando expressamente proibida a discriminação com base na orientação sexual, ao que acresce o direito de todos de contrair casamento, num sentido de universalidade.

7. No quadro traçado, em face dos limites às restrições aos direitos fundamentais expressados no artigo 18.º da CRP e do que se vem expondo, quais as razões fortes, excepcionais, constitucionalmente fundadas, para o legislador, perante um grupo significativo da sociedade que não beneficia de protecção equivalente, impedir o casamento a pessoas de sexo diferente? Tentemos aventar fundação jurídica para a solução legal que aqui se contesta:

---

[22] Cfr. JOSÉ DE MELO ALEXANDRINO, *Direitos Fundamentais, Introdução Geral*, Estoril (2007) 76.

A) *A moral dominante*

Para além de ser duvidoso que a sociedade ainda seja a que suportou a actual solução legislativa, já sabemos que este fundamento, à luz do princípio da dignidade da pessoa humana, é constitucionalmente inadmissível. Por isso, outros análogos, como concepções maioritárias, sofrem o mesmo juízo.

B) *O legislador é livre, perante a remissão do n.º 2 do artigo 36.º da CRP, de manter o figurino legal de casamento de acordo com o seu significado histórico.*

A CRP permite ao legislador estabelecer os requisitos do casamento. Perante a evolução da Constituição, que acompanhou a da sociedade, é inadmissível ter-se a titularidade de um direito como requisito que pode assim ser aniquilado sem qualquer fundamentação constitucional adicional. A fundamentação, hoje, não pode ser a de um conceito histórico de casamento. Acresce que, numa determinada perspectiva, há, pelo menos, uma omissão parcial por parte do legislador. Os casais homossexuais, à data, ainda que tendo uma vida em tudo análoga à dos heterossexuais, vivem à margem do sistema, sem protecção jurídica, nomeadamente ao nível do direito sucessório. E nem se diga que não há violação do princípio da igualdade na atribuição do direito de contrair casamento exclusivamente a pessoas de sexo diferente, já que os casais homossexuais estão protegidos enquanto uniões de facto, desde que a Lei n.º 7/2001, de 11 de Maio, revogou a Lei n.º 135/99, de 28 de Agosto, e veio, no seu artigo 1.º, n.º 1, alargar a noção de união de facto por forma a torná-la independente do sexo das pessoas em causa. Por um lado, se alguma protecção jurídica existe, certo é que duas pessoas de sexo diferente têm dois regimes jurídicos à sua disposição — o da união de facto e o do casamento —, enquanto que duas pessoas do mesmo sexo que pretendam fazer uma vida comum só contam com o que do ponto de vista legal, na sua situação de facto, seja relevante. Por outro lado, a protecção jurídica decorrente da união de facto é claramente deficitária, se comparada com a resultante do casamento. Isso mesmo resulta de jurisprudência do TC.

Nas palavras do Acórdão n.º 195/2003, de 9 de Abril de 2003, a propósito do reconhecimento do direito à pensão de sobrevivência no caso da união de facto, "*importa, aliás, recordar que, por exemplo, quem vive em situação de união de facto também não é herdeiro (nem legitimário, nem legítimo) do de cujus com quem convivia, apenas tendo um direito a exigir alimentos da herança, se não os puder obter das pessoas referidas no artigo 2009.º, n.º 1, alíneas a) a d) do Código Civil. (...) Na verdade, trata-se, aqui, tal como na distinção da posição sucessória do cônjuge e do convivente em união de facto, justamente de um daqueles pontos do regime jurídico em que o legislador trata mais favoravelmente a situação dos cônjuges, não só visando objectivos políticos de incentivo ao matrimónio — enquanto instituição social que tem por criadora de melhores condições para assegurar a estabilidade e a continuidade comunitárias —, mas também como reverso da inexistência de um vínculo jurídico, com direitos e deveres e um processo especial de dissolução, entre as pessoas em situação de união de facto. Tal diverso tratamento jurídico não pode considerar-se destituído de fundamento constitucionalmente relevante, não podendo divisar-se na norma em apreço violação do princípio da igualdade consagrado no artigo 13.º da Lei Fundamental*". Um dos pontos importantes salientados pelo TC neste aresto prende-se com o facto de a maior protecção jurídica do casamento vir associada a um acto de vontade pelo qual as pessoas se vinculam a um contrato, facto ao qual o Direito não é indiferente: "*existem diferenças importantes, que o legislador pode considerar relevantes, entre a situação de duas pessoas casadas, e que, portanto, voluntariamente optaram por alterar o estatuto jurídico da relação entre elas mediante um "contrato (...)", como se lê no artigo 1577.º do Código Civil —, e a situação de duas pessoas que (embora convivendo há mais de dois anos "em condições análogas às dos cônjuges") optaram, diversamente, por manter no plano de facto a relação entre ambas, sem juridicamente assu-*

mirem e adquirirem as obrigações e os direitos correlativos ao casamento".[23]

As palavras transcritas quase dispensam que se recorde que esta liberdade de escolha, que evita um juízo de inconstitucionalidade como o que naquele aresto se evitou, não existe no que toca aos casais homossexuais. Precisamente neste caso, mesmo que duas pessoas do mesmo sexo queiram optar por um estatuto jurídico sólido, estável, com direitos e deveres que justifiquem a protecção que hoje não têm, a lei nega-lhes essa possibilidade. A discriminação está tão enraizada, passe a expressão, que o próprio TC começa, no aresto citado, por explicar que o regime legal de enquadramento das uniões de facto é, para efeitos da sua previsão, independente do sexo das pessoas em causa, para, depois, fundamentar a diferença da solução legal respeitante à pensão de alimentos na circunstância de as pessoas poderem escolher entre a união de facto e o casamento. Acontece que há uma parte considerável das *pessoas* abrangidas pelo regime jurídico da união de facto que não têm essa escolha.

Finalmente, o legislador está obrigado a perseguir o comando constitucional da igualdade. E deve fazê-lo com respeito pelo princípio da proporcionalidade. Enquanto se não permite aos casais homossexuais acederem ao casamento, o legislador está em manifesta inconstitucionalidade por deixar a descoberto, sem fundamentação para tanto, uma categoria de pessoas. Se o legislador não confere o direito de contrair casamento aos homossexuais e, de forma avulsa, consagra algumas garantias que *compensem* aquela exclusão, nesse caso viola o princípio da adequação, já que, ao criar, sem fundamentação plausível, uma categoria à parte da do casamento para os homossexuais está a prosseguir da pior forma o objectivo e o comando constitucionais da igualdade, por, na solução encontrada, mais uma vez traçar uma discriminação. A forma mais adequada de promover a

---

[23] Cfr. http://www.tribunalconstitucional.pt/tc/acordaos/20030195.html

igualdade entre casais homossexuais e heterossexuais é, precisamente, enquadrá-los no mesmo instituto, como se percebe.

Mais: do ponto de vista da violação do princípio da igualdade, geradora de inconstitucionalidade material, deve ter-se presente o seguinte: *"o princípio da igualdade não tem mais uma natureza puramente negativa, como proibição de perturbações arbitrárias da igualdade jurídica, assumindo crescentemente uma dimensão positiva que se traduz na imposição de determinadas soluções legislativas. A afirmação e consolidação dessa dimensão positiva conduzem, depois, num segundo momento, ao problema da subjectivização do princípio (objectivo) da igualdade. Mais precisamente, a transmutação subjectiva do dever de reposição da igualdade permite falar de verdadeiros direitos subjectivos"*.[24]

Vamos por partes: do ponto de vista da dimensão negativa do princípio da igualdade, enquanto a mesma proíbe discriminações arbitrárias, é esperada alguma argumentação no sentido de se considerar que é um dado social e jurídico inegável o casamento enquanto realidade vocacionada para heterossexuais com um regime jurídico em parte arquitectado em torno da normal possibilidade de procriação. Isto, pese embora a clara distinção constitucional entre o conceito de casamento e de família. Neste sentido, a não atribuição do direito de contrair casamento aos homossexuais não seria uma discriminação arbitrária, pelo que o princípio da igualdade não estaria a ser violado pelo legislador. Simplesmente, se por hipótese — a que se não cede — se aceitasse essa *natural* diferença entre as realidades referidas, sempre teríamos de encontrar fundamento constitucional para autorizar o legislador a discriminar os homossexuais, em termos de titularidade do direito de contrair casamento, quando feito um juízo comparativo com os heterossexuais que têm essa titularidade e podem exercer esse direito nas seguintes situações:

---

[24] Cfr. JORGE PEREIRA DA SILVA, *Dever de Legislar e Protecção Jurisdicional Contra Omissões Legislativas*, Lisboa (2003) 85.

a) *Casamentos urgentes*: nos termos do artigo 1590.º do CC, "*o casamento urgente que for celebrado sem a presença de ministro da Igreja Católica ou funcionário do registo civil é havido por católico ou civil segundo a intenção das partes, manifestada expressamente ou deduzida das formalidades adoptadas, das crenças dos nubentes ou de quaisquer outros elementos*".
b) O casamento *in articulo mortis:* nos termos do artigo 1599.º do CC, "*o casamento in articulo mortis, na iminência de parto ou cuja celebração imediata seja expressamente autorizada pelo ordinário próprio por grave motivo de ordem moral pode celebrar--se independentemente do processo preliminar de publicações de passagem do certificado da capacidade matrimonial dos nubentes*".

Estes preceitos legais servem para demonstrar que, de resto bem enquadrada numa Constituição que separa o conceito de casamento do conceito de família, a lei civil não associa necessariamente o casamento à procriação. Nada impede o casamento entre duas pessoas inférteis, nada impede que duas pessoas de cem anos se casem e, como se transcreveu, o CC prevê o denominado casamento *in articulo mortis,* celebrado de urgência, quando um dos nubentes está à morte. É dispensável refutar, neste caso, a definição de casamento do artigo 1577.º do CC como "*contrato celebrado entre duas pessoas de sexo diferente que pretendem constituir família mediante uma plena comunhão de vida*".

Ora, se duas pessoas de sexo diferente, seja em que idade for, sem qualquer possibilidade de terem filhos; na realidade, sem intenção mesmo, se assim o entenderem, de se relacionarem sexualmente, podendo mesmo uma delas estar na iminência da morte, podem contrair casamento, pergunta-se: qual é o fundamento constitucionalmente admissível, à luz da proibição de discriminação arbitrária contida no artigo 13.º da CRP em conjugação com o artigo 36.º, n.º 1, da CRP, na atribuição de um direito fundamental para não se conferir a titularidade do direito de contrair casamento a pessoas do mesmo sexo, quando o mesmo é conferido a pessoas de sexo diferente nas situações referidas? Temos por certo que não há, à luz da proibição constitucional de discriminação arbitrária fundada na orientação sexual, aplicada à decisão do legislador de vedar, ou não, aos homossexuais a celebração do casamento, fundamento admissível para este tratamento diferenciado.

C) *O legislador, quando muito, está em inconstitucionalidade por omissão, mas pode criar um regime diferente do casamento até porque os objectivos deste instituto não quadram bem com casais homossexuais.*

Admitindo que o legislador é livre para criar um contrato análogo ao do casamento, para pessoas do mesmo sexo, que tutele estas últimas, o facto é que, *à data, não existe esse regime jurídico*. É bom ter presente que o TC não está a ajuizar da verificação de uma inconstitucionalidade por omissão, mas do julgamento de uma inconstitucionalidade por acção — essa materializada nas normas resultantes da leitura conjugada dos artigos 1577.º do Código Civil e da alínea *e)* do artigo 1628.º do mesmo Código, nos termos das quais duas pessoas do mesmo sexo não podem contrair casamento e, se o fizerem, é o mesmo tido por inexistente. E, por outro lado, é esperado, em fiscalização concreta, um tipo de sentenças do TC que verdadeiramente tutele os direitos dos particulares. Num recurso de segundo tipo, é isso que se espera. Se o TC se limita a verificar (não verificando, por impossibilidade processual) uma inconstitucionalidade por omissão, deixa de cumprir a função que lhe está especialmente atribuída em sede de fiscalização concreta da constitucionalidade, de cujo resultado depende a garantia dos direitos dos particulares. É para isso mesmo que serve o recurso de constitucionalidade, concretamente o recurso de decisões negativas de constitucionalidade: para completar, em termos de justiça constitucional e de tutela jurisdicional efectiva, o que, por natureza, a fiscalização abstracta da constitucionalidade não pode oferecer aos particulares. Assim é porque o recurso de decisões negativas de constitucionalidade ou legalidade é *"o instituto de controlo que mais aproxima a Constituição do cidadão comum*" que a convoca "*em defesa dos seus interesses subjectivos num determinado processo*".[25]

A pior decisão, no sentido exposto, que o TC poderia proferir seria considerar que há uma inconstitucionalidade por omissão, pelo que nada dali resultaria. É bom que se clarifique que a haver alguma omissão, ela seria *relativa*, porque há uma actuação positiva do legislador, essa plasmada nas normas civilísticas aqui apreciadas. Tais normas criam uma discriminação infundada entre pessoas. É por isso que se afirma que "*quanto às omissões relativas, estas só num plano figurativo ou referencial são genuínas omissões. Na verdade, estamos diante lacunas axiológicas, onde o conteúdo incompleto de um regime legal positivo afronta a Constituição pelo facto de o silêncio parcial de algumas das suas normas gerar uma depreciação indevida de garantias, ou uma situação intoleravelmente discriminatória, à luz do princípio da igualdade*".[26] Acontece, além do mais, que o CC não se limita a prever o casamento entre pessoas de sexo diferente, o que poderia ser reparado com uma sentença aditiva simples, sem ablação do texto. Estar-se-ia a julgar inconstitucional a norma implícita de exclusão dos homossexuais do instituto do casamento, o que redundaria numa inconstitucionalidade por acção. As normas que nos ocupam *são normas de exclusão explícita* de uma categoria de pessoas, o que, por maioria de razão, não pode, em circunstância alguma, deixar de ser enquadrado no tipo "inconstitucionalidade por acção". A alternativa a uma decisão que julgue inconstitucionais aquelas normas, sem mais, só pode ser, na linha do que já foi feito pelo TC, uma sentença demolitória com efeitos aditivos, com ablação de texto.[27] Não há, pois, como esconder uma "*não-decisão*" com recurso à figura, aqui inaplicável, da omissão.

---

[25] Cfr. CARLOS BLANCO DE MORAIS, *Justiça Constitucional*, T. II, *O Contencioso Constitucional Português entre o Modelo Misto e a Tentação do Sistema de Reenvio*, Coimbra (2005) 571.

[26] Cfr. CARLOS BLANCO DE MORAIS, *Justiça Constitucional*, 840.

[27] Veja-se a apresentação crítica de um conjunto de exemplos de sentenças já assim proferidas pelo TC por CARLOS BLANCO DE MORAIS, *Justiça Constitucional*, 857ss.

Do ponto de vista da dimensão positiva do princípio da igualdade, se outros preceitos, para além do artigo 13.º, não existissem na CRP, concluir-se-ia sem dificuldade o seguinte: da análise do tratamento discriminatório com fundamento arbitrário, pelo menos em relação a um conjunto de situações legalmente evidenciadas, resultaria que o princípio da igualdade impõe uma solução legislativa no sentido de se atribuir aos homossexuais o direito de contrair casamento. Mas a CRP vai mais longe, ao exigir que façamos a leitura conjugada do princípio da igualdade com o direito para cujo tratamento legislativo o primeiro exige a desconsideração de diferenciações arbitrárias. Por outro lado, a reinterpretação do direito de contrair casamento à luz do direito ao livre desenvolvimento da personalidade numa óptica de concretização actualizada da dignidade da pessoa humana recorta um direito, liberdade e garantia pessoal das pessoas do mesmo sexo a contraírem casamento e, como tal, directamente aplicável, *ex vi* n.º 1 do artigo 18.º da CRP e naturalmente preferente à lei, nos termos do mesmo preceito constitucional.

8. Pelo exposto, conclui-se pela inconstitucionalidade das normas resultantes da leitura conjugada do artigo 1577.º do Código Civil e da alínea *e)* do artigo 1628.º do mesmo Código, nos termos das quais duas pessoas do mesmo sexo não podem contrair casamento e, se o fizerem, é o mesmo tido por inexistente, por violação dos princípios da dignidade da pessoa humana (artigo 1.º CRP), do princípio da igualdade — na vertente de proibição de discriminações com fundamento na orientação sexual — (artigo 13.º, n.º 2, CRP), do direito ao desenvolvimento da personalidade e do direito fundamental de contrair casamento (artigo 36.º, n.º 1, CRP).

Este, salvo melhor, o meu parecer.

Lisboa, 15 de Setembro de 2007.

Casamento Civil e "Sexo Diferente"
Sobre a inconstitucionalidade das normas expressas pelos artigos 1577.º e 1628.º, alínea e), do Código Civil

Luís Duarte d'Almeida

PARECER

No presente parecer são apresentadas razões suficientes para o juízo de inconstitucionalidade, por desarmonia com o princípio constitucional de igualdade, das normas expressas pelas disposições do art. 1577.º do Código Civil (que define casamento como "contrato celebrado entre duas pessoas de sexo diferente") e do art. 1628.º, alínea e), do mesmo Código (que, conjugado com o art. 1627.º, determina a invalidade, por "inexistência jurídica", do casamento "contraído por duas pessoas do mesmo sexo"). Essa violação do comando de igualdade — previsto em geral no art. 13.º da Constituição, e particularizado no art. 36.º no que respeita ao direito de constituir família — implica também a desconformidade daquelas normas da lei civil ao princípio de dignidade da pessoa (art. 1.º da Constituição), em que o de igualdade ultimamente se filia. O argumento da igualdade, que é o único que aqui se discute em pormenor, é apenas um argumento bastante no sentido da inconstitucionalidade, e não um argumento necessário: as normas expressas pelos artigos 1577.º e 1628.º, alínea e), do Código Civil falham também o teste da compatibilidade com princípios constitucionais como o que garante o desenvolvimento da personalidade e a reserva da intimidade da vida privada (art. 26.º da Constituição), ou mesmo, pressupostos certos modelos de reconstrução dogmática do regime jurídico do casamento, o de garantia da liberdade de religião (art. 41.º da Constituição).

Em discussões destinadas a apreciar a constitucionalidade de normas expressas por legislação ordinária, a manutenção do discurso em certo grau de abstracção é sem dúvida recomendável como ponto de metodologia; mas no que em particular respeite ao tópico do casamento entre pessoas que não sejam de "sexo diferente", atender à *realidade* das pessoas que integram uniões que consideram (mas que a lei civil portuguesa não considera) *casais*, e que fundam relações afectivas *familiares* duradouras, é imprescindível. O problema constitucional da desigualdade resultante da exclusão da instituição do casamento civil de pessoas que não sejam de "sexo diferente" gerou, nas últimas décadas e no contexto constitucional das democracias pluralistas, uma extensa produção literária que já percorreu até ao fim a maioria dos caminhos argumentativos que o tema propõe; e que, descontadas as particularidades próprias de cada país e de cada sistema jurídico positivo, pode prestar bons serviços ao debate português.[1] É expressiva nesse acervo, aliás, a desproporção quantitativa entre os estudos que denunciam a incompatibilidade daquela desigualdade com as exigências fundamentais de uma democracia constitucional (e que são quase todos) e os que procuram justificar a discriminação (meia dúzia de artigos, ou pouco mais; e em geral amadrinhados por publicações periódicas em que, de seu natural, as ideias impressas se não desprendem de espartilhos confessionais[2]). Neste último con-

---

[1] Neste parecer, para abonação do que se quer defender, cita-se sobretudo a literatura jurídica norte-americana, que hoje recolhe muitas das melhores peças desta discussão.

[2] E que dão por nomes como *Revista Jurídica da Pia de Água Benta*, ou similares. A observação que se fez no texto supõe, naturalmente, um panorama editorial em que não se publica *qualquer coisa*: um panorama editorial em que se pratica a *peer review*, e em que há editores preocupados com a qualidade do que

junto, os proponentes de "argumentos" pró-discriminação não têm querido tomar em consideração, como dado essencial para a própria discussão do tema, a existência efectiva de muitos casais compostos por pessoas que não são de "sexo diferente". Percebe-se a inconveniência: mas um mero vislumbre dessas situações reais (que a discussão, de resto, não promove nem demove) é capaz de rapidamente humanizar o debate, ilustrando, com rostos e nomes, a forma pela qual a recusa de um direito a casar violenta a dignidade e a plena cidadania dos membros de casais do mesmo sexo — e gera situações que tomam mesmo, por vezes, dimensões de tragédia. Já está coligido

---

remetem para as gráficas. Para um exemplo recente: na preparação, em 1999/2000, de um volume dedicado ao tópico dos *gay rights*, a *Stanford Law & Policy Review* solicitou contribuições a académicos de diversas "tendências" políticas e ideológicas, para que no simpósio impresso se oferecesse aos leitores uma discussão alargada e plural; mas o *editorial board* viu-se obrigado a rejeitar a publicação dos artigos em que se defendiam posições *contrárias* aos direitos dos homossexuais, pelo facto (aliás sintomático) de esses textos — de *todos* esses textos! — não cumprirem os *standards* mínimos de qualidade académica exigidos pelo periódico. Os artigos recusados aboletaram-se depois num volume da *Regent University Law Review*, para cujo conteúdo o respectivo editor se apressou logo a *refutar*, por antecipação, as expectáveis acusações de *bigotry* e de homofobia religiosa. Em Portugal, claro, não há, nem haverá tão cedo, *standards* académicos que permitam vetar a impressão de escritos de má qualidade; nem *peer review*; nem editores capazes de riscar e mandar reescrever (os critérios do veto editorial, em Portugal, são *outros* — são os que justificam que, no que respeita ao tema tratado neste parecer, as proporções referidas no texto andem invertidas). E também para o tema do casamento entre pessoas do mesmo sexo há várias amostras deste deplorável estado de coisas; mas o espécime mais representativo é agora o texto "Casamento: Entre Pessoas do Mesmo Sexo? Pressupostos Fundamentais da Questão", de PAULO PULIDO ADRAGÃO, incluído no vol. II dos *Estudos em Homenagem ao Professor Doutor Marcello Caetano*, Lisboa: Faculdade de Direito (2006) 527ss. (*Adenda a-propósito*: A direcção da *Revista do Ministério Público* recusou recentemente dois dos pareceres coligidos neste volume, por achar que o "ambiente" não era o "ideal" à respectiva publicação, e por entender que para melhor "divulgar e debater o tema" haveria em todo o caso que pôr-se "em confronto" "as duas posições contrárias". Trata-se por certo de uma linha editorial inovadora que a *Revista* deliberou adoptar).

para vários países o esquálido catálogo desses casos: quase todos seriam igualmente possíveis, com consequências semelhantes, sob a luz do direito português. Que tenham ocorrido ainda poucos em Portugal é facto que se explica por razões de estatística populacional, e não pelos conteúdos da lei civil;[3] mas, em vista disso, a documentação dessas experiências, e também a da discussão académica já havida em outros lugares, provam a sua máxima utilidade potencial pela via do *exemplo* — e o debate português, que começou comparativamente tarde, pode, em compensação, terminar cedo.

1

O casamento — "fonte" de "relações jurídicas familiares", segundo o art. 1576.º do Código Civil — importa para a titularidade de cada cônjuge um conjunto amplo de posições jurídicas subjectivas activas e passivas, determinadas em parte pelos artigos 1671.º e seguintes do Código Civil. Deste conjunto, as posições jurídicas activas de ambos os cônjuges face a terceiros representam benefícios muito variados e nada despiciendos. É desnecessário enumerar aqui sequer os mais significativos: basta anotar que a exclusão de casais que não sejam compostos por "duas pessoas de sexo diferente" do acesso a esses benefícios constitui a mais evidente consequência da discriminatória "noção de casamento" dada no art. 1577.º do Código Civil. De facto, esse argumento a partir dos benefícios *tangíveis*[4] tem tomado primazia nas discussões acerca da ilegitimidade, no contexto de justificação próprio das democracias constitucionais, de uma

---

[3] Mas cfr., *v.g.*, os relatos verdadeiros coligidos por ANA CRISTINA SANTOS / / FERNANDO FONTES, "O Estado Português e os Desafios da (Homo)sexualidade", *Revista Crítica de Ciências Sociais* 59 (2001) 187ss.

[4] A adjectivação, *neste* campo, é de AMY DOHERTY, "Constitutional Methodology and Same-Sex Marriage", *Journal of Contemporary Legal Issues* 11 (2000) 110, esp. 116.

vedação da instituição do casamento a pessoas que não sejam de "sexo diferente". Mas não se esgota com isso, naturalmente, o panorama da discriminação. De um lado, o casamento representa, enquanto instituição jurídica e social, um modo infungível de expressão do compromisso afectivo e amoroso entre duas pessoas. Da perspectiva dos cônjuges, isto há-de ser levado também à conta de benefício *intangível* sem deixar por isso de ser considerado, de um ponto de vista jurídico, tão ou mais relevante do que aqueles outros,[5] e de ser inscrito no registo das consequências da discriminação de casais que não sejam compostos por pessoas "de sexo diferente". A desigualdade fomentada pelos artigos 1577.º e 1628.º, alínea *e)*, do Código Civil *não* ficaria, pois, sanada pela adopção de qualquer *outra* figura que replicasse, em parte ou no todo, os "direitos" dos cônjuges, sinalizando porém, com um nome diferente, a menor dignidade jurídica desse simulacro do "verdadeiro" casamento.[6]

---

[5] É desprezável, para isto, a questão de saber se esses benefícios são reduzíveis à figura da posição jurídica subjectiva *proprio sensu*.

[6] Cfr. DAVID S. BUCKEL, "Government Affixes a Label of Inferiority on Same-Sex Couples When It Imposes Civil Unions and Denies Access to Marriage", *Stanford Law & Policy Review* 16 (2005) 73; ERWIN CHEMERINSKY, "Same-Sex Marriage: An Essential Step Towards Equality", *Southwestern University Law Review* 34 (2005) 579; GIEDRÉ ZUKAITÉ, "Does the Prohibition of Same-Sex Marriages Violate Fundamental Human Rights and Freedoms?", *International Journal of Baltic Law* 2 (2005) 1; JODI O'BRIEN, "Seeking Normal? Considering Same-Sex Marriage", *Seattle Journal for Social Justice* 2 (2004) 459 (aliás considerando que o aspecto simbólico do instituto jurídico do casamento *propriamente dito* é o aspecto *central* a ter em conta no debate); ARTHUR S. LEONARD, "Ten Propositions About Legal Recognition of Same-Sex Partners", *Capital University Law Review* 30 (2002) 343; MARK STRASSER, "Same-Sex Marriages and Civil Unions: On Meaning, Free Exercise, and Constitutional Guarantees", *Loyola University Chicago Law Journal* 33 (2002) 597; BRUCE MACDOUGALL, "The Celebration of Same-Sex Marriage", *Ottawa Law Review* 32 (2000-1) 235; MICHAEL MELLO, "For Today, I'm Gay: The Unfinished Battle for Same-Sex Marriage in Vermont", *Vermont Law Review* 25 (2000) 149, esp. 242ss.; SHEILA ROSE FORSTER, "The Symbolism of Rights and the Costs of Symbolism: Some

Thoughts on the Campaign for Same-Sex Marriage", *Temple Political & Civil Rights Law Review* 7 (1998) 319; CRAIG W. CHRISTENSEN, "If Not Marriage? On Securing Gay and Lesbian Family Values by a «Simulacrum of Marriage»", *Fordham Law Review* 66 (1998) 1699; WILLIAM M. HOHENGARTEN, "Same-Sex Marriage and the Right of Privacy", *The Yale Law Journal* 103 (1994) 1495; e o estudo (relativamente pioneiro) de SAMUEL T. PERKINS / ARTHUR J. SILVERTSEIN, "The Legality of Homosexual Marriage", *Yale Law Journal* 82 (1973) 573. Para uma discussão de "modelos" mais ou menos *aproximados* do "modelo" do casamento, HANNAH KOOPMANN WILLIAMS / / RACHEL E. BOWEN, "Marriage, Same-Sex Unions, and Domestic Partnerships", *Georgetown Journal of Gender and the Law* 1 (2000) 337; ANITA JOWITT, "The Legal Recognition of Relationships between Couples of the Same Sex: A New Zealand Perspective", *Australasian Gay and Lesbian Law Journal* 6 (1997) 30; KEVIN A. SMITH, "For Better of for Worse: State Prohibition on Same-Sex Marriages", *The Wayne Law Review* 43 (1996) 287; SHAUGHN MORGAN, "Legal Recognition of Gay and Lesbian Relationships", *Australasian Gay and Lesbian law Journal* 3 (1993) 57. E, para apontamentos comparatísticos, v. WADE K. WRIGHT, "The Tide in Favour of Equality: Same-Sex Marriage in Canada and England and Wales", *International Journal of Law, Policy and the Family* 20 (2006) 249; SHIRLEY C. OGATA, "Are Wedding Bells Ringing for Same-Sex Marriages? The Legal Trends and Social Perspectives of Europe, Canada and the United States", *European Journal of Law Reform* 6 (2004) 181; KEES WAALDIJK, "Others May Follow: The Introduction of Marriage, Quasi-Marriage, and Semi-Marriage for Same-Sex Couples in European Countries", *New England Law Review* 38 (2004) 569; CRISTINA GONZÁLEZ BEILFUSS, *Parejas de Hecho y Matrimonios del Mismo Sexo en la Unión Europea*, Madrid: Marcial Pons (2004); o volume *Legal Recognition of Same-Sex Couples in Europe* (KATHARINA BOELE-WOELKI, ANGELIKA FUCHS, eds.), Antwerp: Intersentia (2003); GREG TAYLOR, "The New Gay and Lesbian Partnerships Law in Germany", *Alberta Law Review* 41 (2003) 573; MICHAEL COESTER, "Same-Sex Relationships: A Comparative Assessment of Legal Developments Across Europe", *European Journal of Law Reform* 4 (2002) 585; MARIANNE DELPO KULOW, "Same-Sex Marriage: A Scandinavian Perspective", *Loyola of Los Angeles International and Comparative Law Review* 24 (2002) 419; CLAUDINA RICHARDS, "The Legal Recognition of Same-Sex Couples — The French Perspective", *International and Comparative Law Quarterly* 51 (2002) 305; as págs. 133-622 do extenso volume *Legal Recognition of Same-Sex Partnerships. A Study of National, European and International Law* (ROBERT WINTEMUTE, MADS ANDENÆS, eds.), Oxford: Hart (2001); VICKI L. ARMSTRONG, "Welcome to the 21st Century and the Legalization of Same-

Mas a discriminação promovida pelos artigos 1577.º e 1628.º, alínea e), do Código Civil deixa-se examinar também do lado dos *deveres* resultantes do casamento. Quanto aos deveres conjugais, o rol das posições jurídicas passivas constante do art. 1672.º do Código Civil é evidentemente reciprocado pelas correlativas posições jurídicas *activas* de cada cônjuge face ao outro. Justificam-se estas, no discurso jurídico mais corrente, como satisfação ou concretização do comando constitucional de protecção do casamento e da família (art. 36.º da Constituição): é protecção não concedida a casais que não correspondam à "noção" da lei civil. E no que respeita, enfim, a deveres que vinculem os cônjuges face a terceiros ao casal, sobressaem aqueles de que sejam credores os *filhos*; e neste caso são os filhos de casais não compostos por pessoas "de sexo diferente" — filhos que são hoje tão *reais* como são *reais* os casais que a lei portuguesa ignora[7] — as vítimas do tratamento discriminatório resultante da delimitadora "noção" dos artigos 1577.º e 1628.º, alínea e), do Código Civil. As consequências prejudiciais da subtracção dessas crianças à protecção a que (por força também do art. 67.º da Constituição) deveriam ter direito são, em diversos níveis, evidentes.

-Sex Unions", *Thomas M. Cooley Law Review* 18 (2001) 85; STEPHEN ROSS LEVITT, "New Legislation in Germany Concerning Same-Sex Unions", *ILSA Journal of International and Comparative Law* 7 (2001) 469; ENCARNA ROCA, "Same-Sex Partnerships in Spain: Family, Marriage, or Contract?", *European Journal of Law Reform* 3 (2001) 365; DEBORAH M. HENSON, "A Comparative Analysis of Same-Sex Partnership Protections: Recommendations for American Reform", *International Journal of Law and the Family* 7 (1993) 282.

[7] Sobre o ponto, v., p. ex., LAURA L. WILLIAMS, "The Unheard Victims of the Refusal to Legalize Same-Sex Marriage: The Reluctance to Recognize Same-Sex Partners as Parents Instead of Strangers", *The Journal of Gender, Race & Justice* 9 (2005) 49.

2

Este tratamento discriminatório dos casais que, por não serem compostos de pessoas "de sexo diferente", a lei civil não reconhece é atentatório do princípio constitucional de igualdade: entre esses casais e os que hoje fruem os benefícios descritos não há diferença juridicamente atendível capaz de justificar a discriminação e de evitar o juízo de inconstitucionalidade. No já referido quadro do debate que vem tendo lugar em contextos constitucionais suficientemente semelhantes ao português, há, é certo, quem tenha procurado alinhavar razões capazes de salvar a constitucionalidade da discriminação legislativa de casais de pessoas que não tenham "sexo diferente". Mas essas tentativas não sobrevivem a escrutínio. Representam, em geral, alguma versão da exclusão *por definição* do conceito de "casamento" de uniões entre pessoas que não sejam de "sexo diferente" — e conduzem à "conclusão" de que em qualquer outra delimitação legislativa da instituição do casamento haveria *contradictio in adjecto*. No plano mais geral, como é óbvio, quem assim argumenta *ex definitione* incorre em petição de princípio, furtando-se à discussão sem produzir qualquer razão capaz de sustentar normativamente as disposições discriminatórias da lei civil: o que está em causa é, precisamente, saber se a "noção" ou "definição" jurídica de casamento *deve* ou não, por imposição constitucional, abranger casais de pessoas que não sejam de "sexo diferente". Mas ao recurso à "definição" por parte desses juristas de dicionário costuma subjazer, de modo mais ou menos explícito, uma ideia substantiva de casamento que, independentemente da sua pertinência em outros domínios de discurso, é incapaz de rendimento no campo do discurso jurídico.

Isso é sobremaneira evidente mesmo nas versões mais sólidas, mas não menos erradas, dos argumentos pró-discriminação, que são as que se encontram nos textos dos chamados "*new natural lawyers*". Os partidários deste jusnaturalismo contemporâneo, apesar de nem sempre ostentarem na lapela o emblema das estirpes canónicas e eclesiásticas das ideias que defendem, não deixam de assumir expressamente que os seus argumentos *contra* o reconhecimento jurídico, em condições de igualdade, de casais compostos por pessoas que não sejam de "sexo diferente" radicam num pressuposto de *inferioridade moral* quer das relações afectivas desses casais, quer mesmo (e no quadro neo-aquiniano de um conjunto de *bens morais fundamentais* de que as acções humanas hão-de "participar") de qualquer relação ou expressão de sexualidade que não satisfaça, conjuntamente, os testes da maritalidade em sentido "próprio" *e* o da potencialidade procriadora. Uma vez que esses autores pretendem em simultâneo adscrever valor moral ao casamento heterossexual "tradicional" *ainda que* os cônjuges sejam, por uma razão ou outra, incapazes de procriar, há inconsistência interna nas suas posições; e é também certo que essa concepção de que o casamento entre pessoas que não sejam de "sexo diferente" seja merecedora de algum menoscabo *moral* foi já competentemente impugnada em estudos de filosofia moral que ilustram a possibilidade de uma defesa do *valor* do casamento como *bem moral* independentemente do género ou do sexo dos cônjuges,[8] e mesmo em estudos atidos em especial aos argumentos religiosos e teológicos.[9] Esses, porém, são aqui pontos

---

[8] V., p. ex., CHAI R. FELDBLUM, "Gay is Good: The Moral Case for Marriage Equality and More", *Yale Journal of Law and Feminism* 17 (2005) 139; ANDREW KOPPELMAN, "The Decline and Fall of the Case Against Same-Sex Marriage", *University of St. Thomas Law Journal* 2 (2004) 5ss.; GARY CHARTIER, "Natural Law, Same-Sex Marriage, and the Politics of Virtue", *UCLA Law Review* 48 (2001) 1593; CHAI R. FELDBLUM, "A Progressive Moral Case for Same-Sex Marriage", *Temple Political & Civil Rights Law Review* 7 (1998) 485; ALICE WOOLEY, "Excluded by Definition: Same-Sex Couples and the Right to Marry", *University of Toronto Law Journal* 45 (1995) 471. Cfr. também, em geral, MARK STRASSER, "Natural Law and Same-Sex Marriage", *DePaul Law Review* 48 (1998) 51.

[9] Cfr. GARY CHAMBERLAIN, "A Religious Argument for Same-Sex Marriage", *Seattle Journal for Social Justice* 2 (2004) 495; o exercício de LARRY CATÁ BACKER, "Religion as the Language of Discourse of Same-Sex Marriage", *Capital University Law Review* 30 (2002) 221; e MICHAEL J. PERRY, "The Morality of Homosexual Conduct: A Reply to John Finnis", *Notre Dame Journal of Law, Ethics & Public Policy* 9 (1995) 41.

menores: interessa, sobretudo, discutir a serventia *jurídica* de teses que dependam da atribuição ao casamento heterossexual de um *valor moral intrínseco* de que não participam quaisquer outras formas de união afectiva, já que aqueles autores pretendem aliar as *suas* concepções morais acerca do casamento à prescrição, dirigida ao legislador e aos órgãos estaduais, de uma missão *protectora* dessas mesmas concepções; interessa, pois, mostrar que essas teses são imprestáveis quando se trata de esgrimir argumentos normativos atendíveis acerca das soluções que *devem* ser adoptadas por legislação no contexto de um Estado constitucional democrático e pluralista.

E, quanto a isto, uma suposta "natureza" do casamento como instituição "intrinsecamente heterossexual" não pode ser pressuposto nem da delimitação legislativa da figura, nem da reconstrução jurisprudencial do respectivo regime: as proposições de alguma doutrina ou ideologia moral, mais ou menos dominante ou controvertida, não fornecem fundamento idóneo para a delimitação dos direitos e das liberdades fundamentais numa democracia constitucional — que impõe a neutralidade *pública* face a todas as possíveis compreensões morais do casamento, e veda a imposição legislativa de *qualquer* dessas compreensões a *todos* os cidadãos. Para ilustrar o ponto apenas com o mais conhecido e influente projecto de fundamentação filosófica das práticas políticas e argumentativas próprias das democracias constitucionais ocidentais — que é o projecto de RAWLS —, pode anotar-se que a recusa de casamentos entre pessoas que não sejam de "sexo diferente", uma vez que não cumpra (como não cumpre) um papel de concretização de algum interesse público fundamental (como o da protecção da família, por exemplo), há-de ser vista como expressão de alguma "concepção moral abrangente". Nessa medida, é incapaz de fundar ou de fornecer razões atendíveis na discussão da extensão e da definição de direitos e liberdades "básicos" ou fundamentais.[10] Na

---

[10] Precisamente sobre a questão dos casamentos entre pessoas do mesmo sexo, cfr. JOHN RAWLS, "The Idea of Public Reason Revisited", in *Collected Papers* (S.

versão rawlsiana,[11] de facto, esse espaço de divergência filosófica e moral entre pessoas razoáveis é *precisamente* o espaço impróprio para a situação do debate público acerca desses direitos e liberdades. Não cabe ao Estado, numa democracia constitucional, investir-se no papel de guardião fafneriano de alguma concepção moral abrangente; e, no que respeita ao casamento, impõe-se-lhe a preservação da *neutralidade* do regime jurídico da lei civil perante quaisquer concepções acerca de supostas "naturezas" do instituto.

Isto mostra que o recurso ao "direito natural" e às "tradições" associadas a modelos sociologicamente dominantes de compreensão moral do casamento é, quando se trata de discutir a conformidade constitucional da delimitação jurídico-civil do casamento — e sejam quais forem a força e a consistência internas dessas posições — uma manobra argumentativa auto-derrotante. Convenientemente separados o plano da discussão moral e o plano da discussão da extensão da protecção constitucional dos interesses dos cidadãos, o casamento emerge, do ponto de vista jurídico, como um construto jurídico-constitucional, e não como "reconhecimento" de qualquer "realidade" ou "essência" *pré*-jurídica ou *pré*-constitucional. A ideia de que haveria auto-contradição na noção de casamento entre duas pessoas que não sejam "de sexo diferente" depende da postulação de um tal conceito pré-jurídico de casamento e, portanto, desse inaceitável enxerto de visões morais ou religiosas particulares no trabalho da dogmática e da teoria jurídicas e jurídico-constitucionais: uma defini-

---

Freeman, ed.), *Harvard University Press* (2001) 573ss., esp. 581ss. Cfr. também JOHN G. CULHANE, "Uprooting the Arguments Against Same-Sex Marriage", *Cardozo Law Review* 20 (1999) 1120, esp. 1199s.; e LINDA C. MCCLAIN, "Deliberative Democracy, Overlapping Consensus, and Same-Sex Marriage", *Fordham Law Review* 66 (1998) 1241.

[11] Que, como se disse, se menciona somente como exemplo. Cfr. a discussão, muito mais alargada, de CARLOS A. BALL, "Moral Foundations for a Discourse on Same-Sex Marriage: Looking Beyond Political Liberalism", *The Georgetown Law Journal* 85 (1997) 1871.

ção propriamente *jurídica* do casamento, como é evidente, é compatível com qualquer extensão da "noção" de casamento que preserve a conformidade com os princípios da Constituição.

A determinação da medida em que os artigos 1577.º e 1628.º, alínea *e)*, do Código Civil infringem o princípio constitucional de igualdade depende, antes, da ponderação do instituto do casamento civil em vista dos interesses que ditaram a sua consagração e protecção no próprio texto constitucional e, em particular, no art. 36.º da Constituição. Neste contexto, qualquer reconstrução do regime jurídico-civil *vigente* do casamento em vista desses interesses mostrará, com facilidade, que a "noção" restrita de casamento como união de "pessoas de sexo diferente", bem como a consequente exclusão de todos os outros casais do acesso à instituição e aos benefícios que lhe vão associados, é incapaz de justificação, e constitui, por isso, uma discriminação inconstitucional. Desenvolve-se esta afirmação, com mais pormenor, no ponto 3. do presente parecer; mas não se avançará sem antes fazer notar que aqueles teóricos jusnaturalistas, confrontados com as evidentes objecções à impossibilidade de *demonstrar* razoavelmente o valor moral exclusivo do casamento heterossexual de função procriadora, se viram já forçados a reconhecer a *irracionalidade* do seu argumento, buscando refúgio na fé e, enfim, nessa "tradição jurídica e religiosa" que consideram ser *prova bastante* da verdade das suas concepções.[12] Chegados aqui, a conversa termina necessaria-

---

[12] Cfr. ROBERT P. GEORGE / GERALD V. BRADLEY, "Marriage and the Liberal Imagination", *Georgetown Law Journal* 84 (1995) 307: "intrinsic value cannot, strictly speaking, be demonstrated [...]: if the intrinsic value of marriage [...] is to be affirmed, it must be grasped in noninferential acts of understanding". Estes autores acompanham e propagam uma linha de discussão preconcebida por JOHN FINNIS (deste último, cfr., *v.g.*, "Law, Morality, and Sexual «Orientation»", *Notre Dame Law Review* (1994) 1049). Para uma crítica pormenorizada, pode ver-se NICHOLAS BAMFORTH, "Same-Sex Partnerships and Arguments of Justice", in *Legal Recognition of Same-Sex Partnerships. A Study of National, European and International Law* (ROBERT WINTEMUTE, MADS ANDENÆS, eds.), Oxford: Hart (2001) 46ss.

mente: por um lado, o campo da discussão de constitucionalidade, que é o da razão pública, exclui em absoluto o que provenha do acesso a um tal domínio de "compreensão" irracional; e, por outro, essa costumeira invocação da "tradição" do casamento, muitas vezes carreada em apoio da discriminação legislativa de casais compostos de pessoas que não sejam de "sexo diferente", apoia-se em erros grosseiros. Deriva de representações apedeutas do que seja a "herança" judaico-cristã (e nutre-se, aliás, de perigosas leituras literais, e muito selectivas, de certas passagens infames da *Bíblia* — livro em que as *bodas* heterossexuais são tidas em tão alteada conta que chegam a servir de palco para "milagrosos" transformismos alcoólicos); é fruto de crassa ignorância da história do casamento; e mostra desconhecimento de que essa "tradição" engloba afinal somente um conjunto de concepções "herdadas" de um passado recentíssimo. Também estes erros estão hoje denunciados em estudos extensos e aprofundados, e públicos. O casamento entre duas pessoas que não sejam de "sexo diferente" e, em particular, o casamento entre pessoas do mesmo sexo é tão "tradicional" como o casamento heterossexual, fora *ou dentro* do quadro da tradição histórica europeia, e *dentro* também do sub-quadro da tradição judaico-cristã ocidental.[13]

---

[13] V., para documentação, o extenso e influente artigo de WILLIAM N. ESKRIDGE, "A History of Same-Sex Marriage", *Virginia Law Review* 79 (1993) 1419; e também JOSH FRIEDES, "Can Same-Sex Marriages Coexist with Religion?", *New England Law Review* 38 (2004) 533; CHARLES P. KINDREGAN, JR., "Same-Sex Marriage: The Cultural Wars and the Lessons of Legal History", *Family Law Quarterly* 38 (2004) 427; BRETT P. RYAN, "Love and Let Love: Same-Sex Marriage, Past, Present, and Future, and the Constitutionality of DOMA", *University of Hawai'i Law Review* 22 (2000), esp. 187ss.; ANGELO PANTAZIS, "An Argument for the Legal Recognition of Gay and Lesbian Marriage", *The South African Law Journal* 114 (1997) 556, esp. 559ss; BRENDA GRANT, "Comments and Cases on Same-Sex Marriage", *South African Journal on Human Rights* 12 (1996) 569. CHRISTINE JAX, "Same-Sex Marriage — Why Not?", *Widener Journal of Public Law* 4 (1995) 461, esp. 487ss. OTIS R. DAMSLET, "Same--Sex Marriage", *NYLS Journal of Human Rights* (1993) 555 anota mesmo (558ss)

3

Na reconstrução dogmática dos fundamentos do regime e da protecção jurídicos com que na lei civil portuguesa se define, pelos efeitos, o instituto do casamento mostra-se bem a ausência de qualquer conexão intrínseca com o requisito de que só possam casar juridicamente pessoas de "sexo diferente". Nomeadamente, a finalidade *procriadora* do casamento, a que por vezes se tenta associar a defesa da discriminação que decorre dos artigos 1577.º e 1628.º, alínea e), do Código Civil, não tem lugar nessa reconstrução. Em primeiro lugar, não quadra minimamente ao regime vigente, pois que o direito a contrair casamento beneficia em permanência *quaisquer* pessoas de "sexo diferente", sem dependência de idade (fértil ou infértil), potência sexual, manifestações ou concretizações de vontade de procriar, ou até (com a admissibilidade expressa do casamento urgente *in articulo mortis*, no art. 1599.º) de *tempo útil* para procriar. Tirando

---

que "Certainly by the time of recorded marriage history, historians find an «ancient and powerful tradition of same-sex marriage»". Mais especificamente sobre o debate bíblico, MICHAEL J. DELACEY, "Beyond Mere Toleration: Same-Sex Marriage, Free Exercise, and the Separation of Church and State", *Holy Cross Journal of Law and Public Policy* 1 (1996) 45. Para uma visão histórica mais geral da evolução dos conceitos de sexualidade, casamento e género, JUDITH E. KOONS, "«Just» Married? Same-Sex Marriage and a History of Family Plurality", *Michigan Journal of Gender & Law* 12 (2005) 1. Sobre a tensão entre "tradição" e progresso no direito da família, cfr. DANIEL BORRILLO, "Who is Breaking With Tradition? The Legal Recognition of Same-Sex Partnership in France and the Question of Modernity", *Yale Law Journal of Law and Feminism* 17 (2005) 89; e HARRY D. KRAUSE, "Marriage for the New Millenium: Heterosexual, Same-Sex — Or Not at All?", *Family Law Quarterly* 34 (2000) 271, esp. 285s. Acerca da irrelevância constitucional das tradições no que respeita à *proibição* do que *não* seja "tradicional", cfr. MARK STRASSER, "Sodomy, Adultery, and Same-Sex Marriage: On Legal Analysis and Fundamental Interests", *UCLA Women's Law Journal* 8 (1998) 320-1. E para uma crítica do papel do "tradicionalismo" em discussões jurídico-constitucionais, RONALD TURNER, "Traditionalism, Majoritarian Morality, and the Homosexual Sodomy Issue: The Journey from *Bowers* to *Lawrence*", *The University of Kansas Law Review* 53 (2004) 2.

talvez o ponto da irrelevância da esterilidade como impedimento do casamento civil,[14] os restantes aspectos desse regime são concludentes no sentido do afastamento da *procriação* como fundamento explicativo do regime jurídico do casamento. Em segundo lugar, e de todo o modo, ainda que *fosse* plausível a reconstrução do regime civil do casamento exclusivamente como expressão de um interesse público na perpetuação biológica da espécie e na protecção do percurso de criação de filhos (por se entender, porventura, que o casamento proporciona um ambiente *preferencial* para essa criação), permaneceria sem fundamento a discriminação de casais compostos por pessoas que não tenham "sexo diferente": assim como a maternidade e a paternidade não dependem da procriação *biológica* em sentido estrito (o que é agora menos relevante), também a procriação biológica *no mesmo sentido estrito* é hoje, em vista do progresso e da generalização das técnicas de reprodução, absolutamente independente da consumação do acto sexual entre um homem e uma mulher. E pode ainda notar-se que certos preconceitos segundo os quais o casamento entre pessoas que não tenham "sexo diferente" seria de algum modo *prejudicial* às crianças do casal estão bastante desmentidos no campo das ciências sociais.[15]

---

[14] Essa irrelevância da esterilidade *poderia* compatibilizar-se com a suposta finalidade procriadora do casamento, porque seria passível de fundamentação com a desproporção entre, de um lado, o interesse público na inquirição pré-matrimonial da efectiva fertilidade dos nubentes como condição de acesso ao casamento e, de outro, a grave intrusão na esfera de intimidade da vida privada que essa inquirição representaria: mas, como se diz no texto, os sobrantes aspectos do regime do casamento demonstram em definitivo a irrelevância da pretensa "finalidade" ou da "função" procriadora do casamento. Sobre isto, v. JOHN G. CULHANE, "Uprooting the Arguments Against Same-Sex Marriage", cit. (1999) 1120, esp. 1195-6. Cfr. também PAUL ROYAL, "The Right to Say «I Do»: The Legality of Same-Sex Marriage", *Law & Psychology* 20 (1996) 245; ou CHRISTINE JAX, "Same-Sex Marriage — Why Not?", cit., esp. 483.

[15] Acerca de todo este ponto, e com desenvolvimentos no mesmo sentido, v. KENNETH K. HSU, "Why the Politics of Marriage Matter: Evaluating Legal and Strategic

O regime jurídico do casamento civil fundamenta-se, antes, no interesse de reconhecer publicamente o compromisso recíproco dos membros do casal, institucionalizando a sua vontade de constituir família "mediante plena comunhão de vida" (como se escreve no art. 36.º da Constituição, e, na parte não gafada de inconstitucionalidade, no art. 1577.º do Código Civil) e o desejo de mutuamente assumirem um compromisso de amor, afecto, cuidado mútuo, e companheirismo. A diversidade de sexo dos membros do casal é evidentemente alheia à prossecução desse interesse. O art. 36.º da Constituição, aliás, em que se dispõe que "todos têm direito a cons-

---

Approaches on Both Sides of the Debated on Same-Sex Marriages", *BYU Journal of Public Law* (2005-6) 275, esp. 304ss; STEPHEN A. NEWMAN, "The Use and Abuse of Social Science in the Same-Sex Marriage Debate", *New York Law School Law Review* 49 (2004) 537; JOHN A. ROBERTSON, "Gay and Lesbian Access to Assisted Reproductive Technology", *Case Western Reserve Law Review* 55 (2004) 323; LIZ SEATON, "The Debate over the Denial of Marriage Rights and Benefits to Same-Sex Couples and Their Children", *University of Maryland Law Journal of Race, Religion, Gender & Class* 4 (2004) 127; ROBERT A. SEDLER, "The Constitution Should Protect the Right to Same Sex Marriage", *Wayne Law Review* 49 (2004) 975, esp. 1004ss.; JUDITH STACEY, "Legal Recognition of Same-Sex Couples: The Impact on Children and Families", *Quinnipiac Law Review* 23 (2004) 529; CARLOS A. BALL, "Lesbian and Gay Families: Gender Nonconformity and the Implications of Difference", *Capital University Law Review* 31 (2003) 691; MICHAEL S. WALD, "Same-Sex Couple Marriage: A Family Policy Perspective", *Virginia Journal of Social Policy & the Law* 9 (2001) 291; DAVID ORENTLICHER, "Beyond Cloning: Expanding Reproductive Options for Same-Sex Couples", *Brooklyn Law Review* 66 (2000) 651; LEWIS A. SILVERMAN, "Suffer the Little Children: Justifying Same-Sex Marriage from the Perspective of a Child of the Union", *West Virginia Law Review* 102 (1999) 411; CHARLOTTE J. PATTERSON, "What Research Shows About Gay and Lesbian Parents and their Children", *The Family Advocate* 20 (1997) 27; DAVID K. FLAKS, "Gay and Lesbian Families: Judicial Assumptions, Scientific Realities", *William & Mary Bill of Rights Journal* 3 (1994) 345; KEVIN ALOYSIUS ZAMBROWICZ, "«To Love and Honor All the Days of Your Life»: A Constitutional Right to Same-Sex Marriage?", *Catholic University Law Review* 43 (1994) 907; MARIANNE T. O'TOOLE, "Gay Parenting: Myths and Realities", *Pace Law Review* 9 (1989) 129.

tituir família [...] em condições de plena igualdade", especifica o art. 13.º e *proscreve* quaisquer tentativas de associar o conceito de família a algum subconjunto dos cidadãos portugueses; e o art. 67.º da Constituição garante para a unidade da família, que toma como "elemento fundamental da sociedade", o "direito à protecção da sociedade e do Estado e à efectivação de todas as condições que permitam a plena realização pessoal dos seus membros." Será ainda necessário refutar a histeria apocalíptica daqueles que imaginam e temem uma "dissolução da família" quando o direito a contrair casamento vier de facto a ser reconhecido pela lei civil, como exige a Constituição, a *todas as pessoas*? Do mesmo modo que o conceito de casamento não "participa" de "essência" intemporal alguma, também não é juridicamente defensável que só uma unidade de base heterossexual "seja" "verdadeiramente" uma família. E, seja como for, há hoje muitos elementos para se perceber bem que à reivindicação da extensão do instituto do casamento ao casais compostos por pessoas que não sejam de "sexo diferente" subjaz, em geral, um pressuposto de respeito e de *defesa* do casamento e da família *enquanto* instituições fundamentais (e, normalmente, na sua configuração "tradicional").[16]

---

[16] Cfr., p. ex., MIGUEL VALE DE ALMEIDA, "O Casamento entre Pessoas do Mesmo Sexo. Sobre «Gentes Remotas e Estranhas» numa «Sociedade Decente»", *Revista Crítica de Ciências Sociais* 76 (2006) 17; RHODA E. HOWARD-HASSMAN, "Gay Rights and the Right to a Family: Conflicts Between Liberal and Illiberal Belief Systems", *Human Rights Quarterly* 23 (2001) 73; TOBIN A. SPARLING, "All in the Family: Recognizing the Unifying Potential of Same-Sex Marriage", *Law and Sexuality: a Review of Lesbian, Gay, Bissexual and Transgender Legal Issues* 10 (2001) 188; ou JAMES M. DONOVAN, "An Ethical Argument to Restrict Domestic Partnerships to Same-Sex Couples", *Law and Sexuality: a Review of Lesbian, Gay, Bissexual and Transgender Legal Issues* 8 (1998) 649; e v., a final, o que escreve RICHARD D. MOHR, "The Case for Gay Marriage", *Notre Dame Journal of Law, Ethics & Public Policy* 9 (1995) 215.

4

É agora possível delimitar com mais precisão o alcance da inconstitucionalidade, por violação do princípio de igualdade (art. 13.º da Constituição), das normas expressas pelos artigos 1577.º e 1628.º, alínea *e)*, do Código Civil. Reconstruída a fundamentação do acesso ao instituto do casamento com as razões dadas no ponto anterior, está determinado o *tertium comparationis* que permite cotejar aquelas pessoas a quem a lei civil hoje franqueia esse acesso — pessoas que integrem casais de "sexo diferente" — com aquelas a quem a mesma lei civil o proíbe — os membros de casais que não satisfaçam esse requisito. A *plena* identidade de casos ressalta com clareza: e se fosse necessário suplementar a evidência dessa semelhança com material empírico, as situações reais de que se falou no início deste parecer estão profusamente documentadas.[17]

Essa identidade sustenta, sem dúvidas, o juízo de inconstitucionalidade das normas civis promotoras do tratamento discriminatório. Se o cerne da relação conjugal, tal como configurada pela

---

[17] V., p. ex., ANDREW KOPPELMAN, "The Decline and Fall of the Case Against Same-Sex Marriage", cit. (2004) 5; PAMELA S. KATZ, "The Case for the Legal Recognition of Same-Sex Marriage", *Journal of Law and Policy* 8 (2000) 61; CHARLOTTE PATTERSON, "Same-Sex Marriage and the Interests of Children", *Virginia Journal of Social Policy & the Law* 9 (2001) 345; JOHN G. CULHANE, "Uprooting the Arguments Against Same-Sex Marriage", cit. (1999) 1120, esp. 1138ss.; SAMUEL A. MARCOSSON, "The Lesson of the Same-Sex Marriage Trial", *Louisville Journal of Family Law* 35 (1996-7) 721; ANDREW SULLIVAN, "Recognition of Same-Sex Marriage", *Quinnipiac Law Review* 16 (1996) 13; LISA R. ZIMMER, "Family, Marriage, and the Same-Sex Couple", *Cardozo Law Review* 12 (1990) 681; ALISSA FRIEDMAN, "The Necessity for State Recognition of Same-Sex Marriage", *Berkeley Women's Law Journal* 3 (1988) 134. As uniões homossexuais não são *imitações* das heterossexuais: há entre umas e outras, pelo contrário, identidade plena — até no aspecto das práticas linguísticas mais enraizadas: cfr. MAE KUYKENDALL, "Resistance to Same-Sex Marriage as a Story About Language: Linguistic Failure and the Priority of a Giving Language", *Harvard Civil Rights — Civil Liberties Law Review* 34 (1999) 385.

lei civil, se encontra naquele compromisso afectivo, estreito, e duradouro entre duas *pessoas*, o direito a contrair casamento é um direito das pessoas *enquanto pessoas*. Por força do comando constitucional de igualdade, assim, a concessão desse direito tem de alhear-se em absoluto do facto de os cônjuges serem, ou não, de "sexo diferente" — *exactamente pela mesma razão* por que deve ser irrelevante, por exemplo, que os cônjuges sejam de raça igual ou diferente, da mesma condição socio-económica ou de condições diversas, ou que convirjam ou divirjam em convicções político-ideológicas. Para efeitos do direito a contrair casamento (como para muitos outros efeitos, felizmente), *tudo* isto é tão irrelevante como o diferente sexo dos cônjuges. A discriminação decorrente dos artigos 1577.º e 1628.º, alínea *e)*, do Código Civil implica a negação do acesso ao instituto e aos benefícios do casamento por parte de casais que o desejem, e que constitucionalmente merecem e *carecem* da mesma protecção; é arbitrária e, portanto, inconstitucional.

A discriminação opera em razão do sexo, e não da "orientação sexual": o *género* (masculino ou feminino) do cônjuge é condição necessária da discriminação,[18] o que não sucede com a "orientação sexual".[19] O que, de resto, permite expor a insignificância da infeliz

---

[18] Cfr. o expressivo exemplo, e a discussão, de STEPHEN CLARK, "Same-Sex but Equal: Reformulating the Miscegenation Analogy", *Rutgers Law Journal* 34 (2002) 107; ANDREW KOPPELMAN, "Defending the Sex Discrimination Argument for Lesbian and Gay Rights", *UCLA Law Review* 49 (2001) 519; BRETT P. RYAN, "Love and Let Love: Same-Sex Marriage, Past, Present, and Future, and the Constitutionality of DOMA", cit. (2000), 232; ANDREW KOPPELMAN, "Why Discriminiation Against Lesbians and Gay Men is Sex Discrimination", *New York University Law Review* 69 (1994) 197; ou CATHERINE M. CULLEM, "Fundamental Interests and the Question of Same-Sex Marriage", *Tulsa Law Journal* 15 (1979) 141.

[19] O argumento exposto no presente parecer não depende, pois, do facto de em 2004 se ter explicitado, em revisão constitucional do texto do art. 13.º, que a discriminação em razão da "orientação sexual" não seja fundamento constitucionalmente aceitável de desigualdades perante a lei, como não dependeria (antes dessa revisão, ou sem ela) de se entender — como entendeu o Tribunal Constitucional em

graçola com que alguns autores, e certos palradores com assento nas tribunas da "opinião" publicada, pretendem desembaraçar-se das acusações de discriminação, dizendo que ninguém está impedido de casar *por ser homossexual*, posto que case com alguém de sexo diferente. Mas o *alcance* da discriminação, e, portanto, o alcance da inconstitucionalidade das normas expressas pelos artigos 1577.º e 1628.º, alínea *e)*, do Código Civil por violação do princípio de igualdade pode ser ainda mais aprofundado se se prestar alguma atenção aos casos (menos mediatizados, é certo, mas não menos importantes) das pessoas transsexuais. O critério de determinação da categoria da transsexualidade atende à *identidade* sexual, não à "orientação"; e não é discutível que o art. 13.º da Constituição proíba também a discriminação de pessoas por causa dessa identidade. Mas no que respeita ao direito a contrair casamento, como aliás tem sucedido em relação a múltiplos problemas jurídicos, a restrição do acesso a esse instituto somente a pessoas de "sexo diferente" parece pressupor de modo simplista que a dicotomia de géneros "feminino"/"masculino" oferece uma taxinomia "natural" com que todas as pessoas podem ser etiquetadas com facilidade. O fenómeno da transsexualidade pode contudo caracterizar-se como disparidade entre a *identidade* pessoal experimentada e o género *atribuído* (antes que "reconhecido") por lei (normalmente segundo um critério anatómico; porém há casos documentados de pessoas anatomicamente *inter-sexuais*; e mesmo casos de pessoas de *dupla identidade* que, em diferentes contextos psicológicos e sociais, se identificam a si próprias, alternadamente, como homens *e* como mulheres). A própria constrição destas pessoas à adopção juridicamente permanente de *um* dos dois "géneros" pode ser tida como potencialmente atentatória da sua dignidade pessoal. E se não é razoável esperar dos sistemas jurídicos

---

Acórdão n.º 247/2005, Processo n.º 891/03 (Rel.: Cons. Maria João Antunes) — que esse fundamento de discriminação decorria já implicitamente da anterior versão do mesmo art. 13.º.

vigentes o abandono da construção dicotómica do género (até porque *esse* debate carece ainda de muita reflexão, e não parece ter uma conclusão global evidente), é ao menos certo que são pensáveis sem grande esforço situações em que disposições como a dos artigos 1577.º e 1628.º, alínea *e)*, do Código Civil sejam causa de discriminação *em razão da identidade sexual* de uma pessoa. Muito facilmente se concebe que entre o "género" juridicamente atribuído a alguém com base em critérios anatómicos — por exemplo, masculino — e a *identidade* dessa pessoa — que, por exemplo, pode compreender-se e identificar-se como *mulher* — possa haver disparidade; mas a lei civil portuguesa, para o caso deste exemplo e enquanto persistir a discriminação baseada na diferença dos géneros dos cônjuges, só confere a essa pessoa o direito a casar com *outra* mulher (ou seja, *contra* a identidade, se esta for acompanhada de uma orientação heterossexual), proibindo o casamento com um homem (em contradição evidente com o próprio propósito diferenciador do art. 1577.º do Código Civil!). O que significa, de outro ponto de vista, que essa mulher só poderá casar com um homem se se submeter ao doloroso processo físico e emocional de se *transformar* por forma a poder apresentar-se *fisicamente* como "mulher".[20]

Independentemente, pois, dos múltiplos desenvolvimentos e comentários jurídicos que este tipo de casos possa suscitar, o juízo de inconstitucionalidade das normas expressas pelos artigos 1577.º e 1628.º, alínea *e)*, do Código Civil por violação do princípio de igualdade é reforçado pela sua consideração. Em geral, o desejo de

---

[20] As considerações sumárias tecidas neste ponto do presente parecer devem muito às discussões apresentadas por MARY COOMBS, "Sexual Dis-Orientation: Transgendered People and Same-Sex Marriage", *UCLA Women's Law Journal* 8 (1998) 219, por WILLIAM M. HOHENGARTEN, "Same-Sex Marriage and the Right of Privacy", cit. (1994) 1495, esp. 1528ss, e por SYLVIA A. LAW, "Homosexuality and the Social Meaning of Gender", *Wisconsin Law Review* (1988) 187. Pode ver-se ainda, a este propósito, CASS R. SUNSTEIN, "Homosexuality and the Constitution", *Indiana Law Journal* 70 (1994) 1.

uma pessoa de integrar uma união familiar em "plena comunhão de vida" com outra pessoa não depende do sexo de nenhuma das duas; o amor por alguém não depende da diferença de sexo, e isto é um *facto* que a lei não decreta nem logrará proibir alguma vez. Mas, mais do que isso, o "sexo" ou o "género" não são constitutivos do conceito juridicamente relevante de *pessoa*, e o direito a contrair casamento configura-se constitucionalmente como um direito das pessoas. A discriminação decorrente da lei civil, violando o princípio de igualdade, viola também, por conseguinte, o princípio de respeito pela dignidade da pessoa humana.

5

É bem possível que na origem das disposições dos artigos 1577.º e 1628.º, alínea *e)*, do Código Civil se esconda o mesmo tipo de preconceito que, esgotado o debate, ressuma das posições de quem se opõe a que o casamento seja juridicamente configurado como direito das *pessoas*, e não apenas de quem queira participar de uniões com alguém de "sexo diferente" — e que é o preconceito contra a homossexualidade.[21] Não é difícil desocultá-lo: é o que sobeja, uma vez descontados os maus argumentos.

---

[21] Para uma amostra das denúncias da hipocrisia e da *bigotry* subliminares à discriminação, cfr. BRENDA FEIGEN, "Same-Sex Marriage: An Issue of Constitutional Rights Not Moral Opinions", *Harvard Women's Law Journal* 27 (2004) 345; G. SIDNEY BUCHANAN, "Same-Sex Marriage: The Linchpin Issue", *University of Dayton Law Review* 10 (1985) 541. Acusando o preconceito, ROBERT JUSTIN LIPKIN, "The Harm of Same-Sex Marriage: Real or Imagined?", *Widener Law Review* 11 (2005) 277; MARK STRASSER, "On Constitutional Interpretation and Sophistical Rhetoric", *Brooklyn Law Review* 69 (2004) 1003; JOSEPHINE ROSS, "Riddle for Our Times: The Continued Refusal to Apply the Miscegenation Analogy to Same-Sex Marriage", *Rutgers Law Review* 54 (2002) 999; MICHAEL MELLO, "For Today, I'm Gay: The Unifinished Battle for Same-Sex Marriage in Vermont", cit. (2000) 149; WILLIAM N. ESKRIDGE, "Three Cultural Anxieties Undermining the Case for Same-Sex Marriage", *Temple Political & Civil Rights Law Review* 7 (1998) 307; SAMUEL A. MARCOSSON,

Essa *repulsa* "moral" pela homossexualidade, muitas vezes aliada a entendimentos sectários acerca do modo como as pessoas "devem" ou "não devem" *ser* ou agir — e que exprimem, para além do mais, uma *sexualização* (ou uma *genitalização*, no vocabulário mais garrido que cultivam os académicos dos *gender studies*)[22] da comunhão de vida entre pessoas do mesmo sexo que, pura e simplesmente, não deveria ser sequer chamada à discussão do problema —, é o que verdadeiramente subjaz às estratégias do discurso pró-discriminação, que buscam impor a todos este ou aquele modelo ou parâmetro de "correcção" moral. É preciso sublinhá-lo, porque a discussão de questões como esta se tem mostrado particularmente atreita à colonização por "argumentos" que, travestidos de "jurídicos", são expressão apenas de uma intolerância irracional. Bom exemplo disso são certos "argumentos" logicamente falaciosos, e assentes em premissas normativas não demonstradas, que visam sobretudo aterrorizar o interlocutor com o prospecto de alguma *ladeira escorregadia*.[23] De facto, há muito

---

"The Lesson of the Same-Sex Marriage Trial", cit. (1996-7) 721; BRENDA GRANT, "Comments and Cases on Same-Sex Marriage", *South African Journal on Human Rights* 12 (1996) 568; KEVIN A. SMITH, "For Better of for Worse: State Prohibition on Same-Sex Marriages", cit. (1996) 287; DEBORAH GRAY, "Marriage: Homosexual Couples Need Not Apply", *New England Law Review* 23 (1988) 515; HANNAH SCHWARZSCHILD, "Same-Sex Marriage and Constitutional Privacy: Moral Threat and Legal Anomaly", *Berkeley Women's Law Journal* 4 (1988) 94. Em geral sobre a relação entre "heterosexismo" e homofobia, ADRIAN CHERNEY, "Understanding and Documenting Anti-Homosexual Sentiment", *Current Issues in Criminal Justice* 10 (1998) 125. E é ainda instrutiva a consulta de TONI M. MASSARO, "Gay Rights, Thick and Thin", *Stanford Law Review* 49 (1996) 45.

[22] Cfr. JOSEPHINE ROSS, "Sex, Marriage, and History: Analysing the Continued Resistance to Same-Sex Marriage", *SMU Law Review* 55 (2002) 1657; LORRAINE WOLHUTER, "Equality and the Concept of Difference: Same-Sex Marriages in the Light of the Final Constitution", *The South African Law Journal* 114 (1997) 389; ADRIENNE K. WILSON, "Same-Sex Marriage: A Review", *William Mitchell Law Review* 17 (1991) 539, esp. 555.

[23] V., sobre isto, as discussões de ELIZABETH LARCANO, "A «Pink» Herring: The Prospect of Polygamy Following the Legalization of Same-Sex Marriage", *Connecticut*

quem afirme que com a admissão do casamento entre pessoas do mesmo sexo se "abriria a porta" ao incesto, à poligamia, às relações sexuais com girafas e pandas. Há algumas décadas, muito curiosamente, a porta de entrada para este armagedão era outra: era a admissão do casamento *inter-racial*. O armagedão não veio; mas a comparação é educativa.

A lastimável época do amor que *não ousa dizer o nome* — no único dos versos de *Lord* Alfred Douglas que merece lembrança — foi já ultrapassada, e o contexto constitucional português não tolera que as leis se nutram de preconceitos acerca do "valor" ou da "normalidade" das pessoas ou das relações homossexuais. O Tribunal Constitucional português, para mais, já sustentou que

> Os direitos à identidade pessoal e ao desenvolvimento da personalidade, postulados pelo respeito da dignidade da pessoa humana, traduzem-se no direito dos cidadãos à sua auto-realização como pessoas, onde se compreende o direito à autodeterminação sexual, nomeadamente enquanto *direito a uma actividade sexual orientada segundo as opções de cada um dos seus titulares*. [...] [Uma

---

Law Review 38 (2006) 1065; COURTNEY MEGAN CAHILL, "Same-Sex Marriage, Slippery Slope Rhetoric, and the Politics of Disgust: A Critical Perspective on Contemporary Family Discourse and the Incest Taboo", *Northwestern University School of Law* 99 (2005) 1543; CHESHIRE CALHOUN, "Who's Afraid of Polygamous Marriage? Lessons for Same-Sex Marriage Advocacy From the History of Polygamy", *San Diego Law Review* 42 (2005) 1023; DALE CARPENTER, "Bad Arguments Against Gay Marriage," *Florida Coastal Law Review* 7 (2005) 181, esp. 208ss.; RUTH K. KHALSA, "Polygamy as a Red Herring in the Same-Sex Marriage Debate", *Duke Law Journal* 54 (2005) 1665; GARY BUSECK, "Civil Marriage for Same-Sex Couples", *New England Law Review* 38 (2004) 495; JAMES M. DONOVAN, "Rock-Salting the Slippery Slope: Why Same-Sex Marriage is not a Commitment to Polygamous Marriage", *Northern Kentucky Law Review* 29 (2002) 521; MARK STRASSER, "The Future of Same-Sex Marriage", *University of Hawai'i Law Review* 22 (2000) 119; ID., "Natural Law and Same-Sex Marriage", cit. (1998) 51; DAVID L. CHAMBERS, "Polygamy and Same-Sex Marriage", *Hofstra Law Review* 26 (1997) 53; MAURA I. STRASSBERG, "Distinctions of Form or Substance: Monogamy, Polygamy, and Same-Sex Marriage", *North Carolina Law Review* 75 (1997) 1501.

norma restritiva de direitos constitucionalmente protegidos não pode] ter, como sua verdadeira razão de ser, uma concepção de desfavor relativamente à orientação sexual em causa, ou — o que é o mesmo — fundamentos de cariz subjectivista, sociológicos ou outros, constitucionalmente imprestáveis para justificar a desigualdade. [...] [P]arâmetros de normalidade/anormalidade, extraídos, aparentemente, de uma observação "estatística" da sociedade, afiguram-se imprestáveis para justificar a diferença de tratamento jurídico, face aos artigos 13.º, n.º 2, e 26.º, n.º 1, da Constituição. [...] [É constitucionalmente inadmissível] um juízo de desvalor, pejorativo, da prática sexual (homossexual) [...] na base da qual se pretenda justificar a diferença de tratamento jurídico.[24]

As disposições dos artigos 1577.º e 1628.º, alínea *e)*, do Código Civil exprimem juízos de inferioridade moral sobre o amor homossexual e sobre a qualidade das famílias constituídas por duas pessoas do mesmo sexo; vedando o acesso ao casamento a pessoas que não sejam de "sexo diferente", infringem o direito fundamental a contrair casamento também na sua dimensão de direito de uma pessoa a escolher *com quem* quer casar. A consequente discriminação é atentatória dos princípios fundamentais de dignidade da pessoa humana e de igualdade. Aquelas disposições da lei civil portuguesa são claramente inconstitucionais.

Lisboa, 13 de Outubro de 2007.

---

[24] Acórdão n.º 247/2005 (Rel.: Cons. Maria João Antunes), cit.; no Acórdão n.º 351/05 (Rel.: Cons. Vítor Gomes), concorda-se, por remissão expressa, com estas mesmas razões.